AF607109

Acoger al niño o niña interior

Reconectar con el propio valor y la propia bondad

Enrique Martínez Lozano

Acoger al niño o niña interior

Reconectar con el propio valor y la propia bondad

2ª edición

Desclée De Brouwer

Henao, 6 - 48009 Bilbao
www.edesclee.com
info@edesclee.com

Impreso en España – Printed in Spain
ISBN: 978-84-330-3268-3
Depósito Legal: BI-00920-2024

A Ana, porque nunca olvidó a su niña interior y porque fue su insistencia la que ha hecho posible este librito.

La clave para crear sociedades altruistas,
empáticas y resilientes es la "segurización",
es decir, la creación de un entorno seguro
y afectuoso para el niño, tanto en su hogar
como en la escuela, desde los primeros
años de vida.

—Boris Cyrulnik

Nunca es tarde para tener
una infancia feliz.

—Milton H. Erickson

Solo encontrándonos con nuestro niño o niña interior, serán posibles la conexión con nuestro valor y nuestra bondad originales, la unificación y la armonía personal, así como el despliegue de todo nuestro potencial.

Índice

Introducción 15

1. ¿Cómo hemos llegado hasta aquí? La persona adulta que somos 21
   ¿De dónde venimos? 23
   ¿Qué pasó con el niño que fuimos? 29
   ¿Cómo sigue viviendo el niño en la persona adulta que somos hoy? 39

2. Una historia que sanar: rescatar al niño herido 45
   Cuando el niño herido lleva las riendas 47
   Una sanadora presencia de calidad 53
   El camino a recorrer 60

3. Una vida que celebrar: liberar al niño original 79
   Al encuentro de nuestro niño original 80
   Alegría de ser, alegría de vivir 90
   Más allá del niño original 97

Epílogo. El debate en torno a la alegría y la felicidad 103

Anexo. Práctica psicoafectiva: encuentro con el niño o la niña interior. Guía para la práctica 117

Introducción

Hablar de "niño interior"[1] significa volver la mirada a los primeros momentos de nuestra existencia –infancia y adolescencia–, aquellos que marcaron con mayor intensidad nuestro psiquismo y pusieron las bases de lo que habría de ser nuestra posterior evolución psicológica.

Podemos aproximarnos al niño que fuimos desde una doble perspectiva: como aquel que contiene nuestra originalidad psicológica, con los rasgos de vitalidad, espontaneidad, seguridad, confianza, alegría de vivir, inocencia, creatividad –y nos referimos a él con la expresión "niño original"– y como aquel otro que guarda las heridas y/o carencias que padeció, con todas sus secuelas dolorosas y disfuncionales –nos referimos a él con la expresión "niño herido"–.

En todos nosotros habitan, en porcentajes diferentes según cómo fue la historia de cada persona, esos dos niños, que reclaman atención y requieren ser integrados, como condición indispensable para avanzar en unificación personal.

1. Para evitar que el texto resulte sobrecargado y tedioso, usaré el genérico en masculino, entendiendo que incluye a ambos géneros.

En principio, nos resulta más cercano el niño herido que, con frecuencia, se halla a flor de piel. Aunque el que nos define y el que muestra nuestro verdadero rostro es el niño original, es frecuente que este haya quedado relegado e incluso olvidado porque el sufrimiento padecido otorgó prácticamente todo el protagonismo al niño herido. Hasta el punto de que, solo cuando tal sufrimiento va siendo elaborado y resuelto, puede emerger, desde aquel segundo plano en el que había quedado postergado, el niño original. Lo cual no resulta difícil de entender: el malestar acapara toda nuestra atención y tiende a atraparnos, consumiendo toda nuestra energía en el empeño por encontrar el modo de liberarnos de él. ¿Quién pensaría en el niño original –en lo que va bien–, cuando se siente agobiado por aquello que le duele?

En consecuencia, al iniciar el trabajo psicoterapéutico en este campo, es probable que a quien encontremos en primer lugar sea a nuestro niño herido. Y que solo al ir viviendo con él un encuentro sanador, empiece a emerger el niño original que, como veremos, es quien nos llevará a casa, unificando de manera armoniosa toda nuestra persona.

Porque en la medida en que "rescatamos" o liberamos a nuestro niño herido, gracias a la seguridad afectiva que le regala el adulto que somos hoy, emergerá en nosotros el niño original que había quedado aplastado bajo el peso de aquellas mismas heridas. A esto le llamamos tarea de "maternización" y en ella nos va nuestra salud psíquica y nuestro despliegue personal.

Las características que denotan la presencia del niño herido son la desproporción y la repetitividad, junto con sensaciones de vacío afectivo, inseguridad, miedo, ansiedad, retraimiento, agresividad, narcisismo... De modo que cuando, en la vida adulta, advertimos que reaparecen una y otra vez sentimientos dolorosos y/o reacciones desproporcionadas, ahí se nos está mostrando la puerta de acceso para llegar a nuestro niño herido, primer paso para vivir con él un encuentro sanador y, en cierto modo, restaurador.

Por su parte, el niño original se manifiesta como vitalidad, seguridad, confianza, espontaneidad, alegría de vivir, creatividad..., rasgos que constituyen nuestra originalidad psicológica y que se irán acrecentando en la medida en que avancemos en el encuentro consciente con aquel.

En cualquier caso, es obvio que la madurez psicológica requiere, como condición inexorable, la integración de nuestro pasado que, de no hacerlo, se convertirá en un lastre que nos dificulte caminar o en un bloqueo que nos impida vivir con gusto. Integrar el pasado significa, por tanto, encontrarnos de manera consciente y profunda con nuestro interior, en su doble cara, para rescatar y sanar al niño herido y, de ese modo, permitir que se libere y despliegue el niño original en todo su frescor y belleza.

A partir de mi propia experiencia –tanto personal como de acompañante de procesos psicológicos–, considero que el trabajo con el niño interior constituye la herramienta psicoterapéutica más eficaz para crecer en unificación psicológica, integración y armonía. No en vano todo aquello que tiende a complicar y enrarecer nuestra existencia adulta, en sus diferentes ámbitos, guarda estrecha relación o proviene directamente de experiencias infantiles o adolescentes pendientes de ser elaboradas. Lo cual significa, dicho desde otra perspectiva, que la sanación progresiva del niño herido –tal como espero desarrollar en estas páginas– aliviará nuestro sufrimiento neurótico y atenuará nuestras reacciones desproporcionadas, a la vez que favorecerá el encuentro con nosotros mismos, nos hará crecer en libertad interior y otorgará calidad a nuestro modo de vivir la actividad y las relaciones interpersonales.

Si este trabajo con el niño interior va acompañado de aquel otro encaminado a integrar la propia sombra, por el que reconocemos y aceptamos todo el material psíquico que habíamos relegado, ocultado, reprimido o negado, habremos puesto las bases de una personalidad consistente, sólida, integrada, armoniosa, creativa y entregada[2].

Ambas tareas resultan tan decisivas, a la que vez que complementarias, que me atrevo a afirmar que, si se entiende bien, en ellas se condensa todo el trabajo psicológico y psicoterapéutico. Integrados el pasado y la sombra, emerge la belleza del ser humano, libre de ataduras que se expresaban en necesidades tiránicas y en miedos tan exagerados como irracionales. Liberación que hace posible que la vida se exprese de manera transparente, creativa, eficaz y entregada: que podamos vivir en coherencia con lo que somos.

Tal anhelo –llegar a ser lo que ya somos– empieza a realizarse cuando reencontramos a nuestro niño original –en el plano psicológico, ese es nuestro verdadero rostro o nuestra

---

2. E. Martínez Lozano, *Nuestra cara oculta. Integración de la sombra y unificación personal*, Narcea, Madrid [4]2016.

personalidad– y culmina cuando, integrado y trascendido ese rostro –lo que llamamos "yo"–, comprendemos lo que somos en profundidad, en la dimensión espiritual: consciencia ilimitada o vida plena, desplegándose y manifestándose en esta forma (persona) particular: esa es nuestra *identidad*.

Tenemos, pues, ante nosotros una tarea apasionante: ¿estamos dispuestos a adentrarnos en nuestro interior para encontramos con la verdad de nuestro pasado y así comprender nuestro presente?; ¿nos sentimos motivados para desear el encuentro con nuestro niño interior y ofrecerle cercanía y seguridad afectiva, que reconstruyan lo herido y rescaten nuestro rostro original?; ¿nos mueve el anhelo de verdad y la fidelidad a nosotros mismos?; ¿nos moviliza el gusto por crecer en unificación personal, integración y armonía? Si descubrimos en nosotros alguna de estas aspiraciones, el trabajo con el niño interior constituye la herramienta adecuada para que tales anhelos se vayan convirtiendo en realidad.

1

¿Cómo hemos llegado hasta aquí? La persona adulta que somos

Cada cual hemos llegado al momento en que nos encontramos, haciendo lo mejor que hemos sabido y podido, de acuerdo a múltiples condicionamientos y al "mapa mental" que, de manera consciente o inconsciente, se ha ido configurando en nosotros y hemos terminado asumiendo.

Nuestra historia nos ha modelado, de modo especial la más temprana, donde se desarrollaron nuestras primeras experiencias y se fraguaron patrones de comportamiento y de pensamiento que siguen condicionando, a veces de manera rígida, nuestra existencia adulta.

El reencuentro con nuestros orígenes aporta luz y respuestas a nuestros porqués: ¿por qué siento lo que siento?, ¿por qué reacciono como reacciono?, ¿por qué pienso como pienso?, ¿por qué me veo y veo a los otros, al mundo, a la vida, tal como los veo?... Las respuestas, aunque en ocasiones escondidas en el inconsciente, se hallan ahí, en los primeros años de nuestra existencia.

Pero en ese trabajo de autodescubrimiento, no solo nos saldrán al paso respuestas iluminadoras, sino que podremos encontrar al niño o la niña que fuimos, haciendo de ese encuentro una experiencia sanadora. Porque podremos ofrecerle hoy aquello que en su momento necesitó y que, por diferentes motivos, le fue negado. Empecemos, pues, por tratar de comprender de dónde venimos.

¿De dónde venimos?

Somos fruto de un entretejido de genes, experiencias, modelaje y vida. Todo ello constituye un conjunto asombroso y admirable que se plasma en la persona que somos hoy.

Somos hijos de los genes. Hay un factor genético que remite a las generaciones que nos han precedido, y de quienes hemos recibido predisposiciones, orientaciones, tendencias, sesgos... que, como un "manual de instrucciones", imprimen un color y un talante concreto a nuestra persona particular.

Hoy la ciencia sabe que, al igual que existe la llamada neuroplasticidad cerebral, se da también lo que podría denominarse la plasticidad del genoma, tal como lo estudia la epigenética. En concreto, puede hablarse de una plasticidad, tanto del cerebro como del genoma, que se ven afectados, en un sentido u otro, por el entorno y las experiencias vividas. Lo cual significa que, así como el cerebro –en concreto, el despliegue de las conexiones neuronales– es moldeable, de la misma manera, el comportamiento de los genes se ve modificado a tenor de diferentes factores, externos e internos: alimentación, ejercicio físico, relaciones, actividad, pensamientos, emociones, hábitos...

Todo ello repercute, tanto en el modo de funcionar de nuestro cerebro como, igualmente, en el funcionamiento de nuestros genes. Aquí ocupa su lugar aquello que, por hallarse a nuestro alcance, podemos modificar: ¿cómo me alimento?, ¿cómo cuido el ejercicio físico?, ¿cómo es mi mundo relacional?, ¿cómo cuido la higiene mental?, ¿cómo gestiono mis emociones?, ¿cómo organizo mi vida en los diferentes sectores?...

La neuroplasticidad se define como la capacidad innata del cerebro de cambiar estructural y funcionalmente durante toda la vida, en respuesta a la experiencia y al entorno. Lo cual significa que, aun sin ser conscientes de ello, está siendo moldeado continuamente por factores culturales, ambientales, interpersonales, sociales, etc.

De modo similar, la epigenética se refiere a la plasticidad de la información genética en respuesta al entorno, al estilo de vida y a las experiencias vividas. Pero mientras la neuroplasticidad se refiere solo al cerebro, la epigenética afecta a todas las células de nuestro cuerpo.

Desde siempre –al menos, en las tradiciones más sabias– se ha reconocido el impacto del entorno sobre nuestra salud física y mental. Sin embargo, a finales del siglo XIX y primeras décadas del siglo XX, prevaleció, en el campo de la biología, la idea según la cual los organismos individuales nacían predeterminados, en términos de salud, de bienestar, de aptitudes, de comportamientos, etc.

En contra de aquella lectura rígida del funcionamiento de los genes, en la actualidad la ciencia ha demostrado que nuestros pensamientos, nuestras experiencias, nuestro estilo de vida, nuestras relaciones, nuestra vida afectiva y social, nuestro entorno biofísico... influyen decisivamente en el modo de operar de los genes. En concreto, todo ello es capaz de añadir capas de información alrededor del ADN, encendiendo y apagando genes, con una influencia extraordinaria en nuestra salud, nuestro comportamiento y nuestro bienestar.

Para entender lo que es la epigenética –explica la doctora Perla Kaliman, reconocida neurocientífica–, podemos pensar que la genética es como el gran libro biológico de la vida, que se encuentra en todas nuestras células. Pero la diferencia es que no todas las células leen los mismos capítulos de ese libro. El libro no cambia, pero cambia –y esto es determinante– el hecho de que puedan leerse unos capítulos u otros[1].

Más en concreto: ¿por qué tenemos órganos tan diferentes si todos ellos siguen las instrucciones del mismo libro? La respuesta es simple: porque cada uno de ellos lee algún capítulo particular de ese libro común. Pues bien, el entorno, el estilo de vida, el modo de dirigir nuestra mente, poseen el poder de determinar qué capítulos del libro se activarán prioritariamente.

Gracias a estos descubrimientos científicos, hoy sabemos que el "programa genético" es estable y dinámico, a la vez. Y esta es una buena noticia: las marcas epigenéticas son potencialmente reversibles. Y aquí es donde puede incluirse –junto a otras– la práctica del trabajo psicológico con el niño interior y su eficacia de cara a transformar patrones de pensamiento y comportamiento claramente disfuncionales.

En resumen, somos hijos de los genes, pero conscientes de que la epigenética ha demostrado la posibilidad del cambio.

---

1. P. KALIMAN, *Neurociencia y ciencias contemplativas*, ponencia desarrollada en el Primer Congreso de Ciencias Contemplativas, Zaragoza, 4 de noviembre de 2021: www.youtube.com/watch?v=3k9yQQ1bzZM&list=PLE8r Xa-SQwgneqUNgrPj2t0nkh-iQdmHw

Junto con los genes, *somos hijos también de las experiencias vividas*, particularmente de las más tempranas, incluidas las intrauterinas, como ha demostrado igualmente la ciencia.

Esto no significa que sean las únicas: nos seguirán influyendo todas las experiencias que vivamos a lo largo de nuestra existencia, de modo especial, las vividas en la adolescencia. Pero probablemente no serán tan decisivas como las ocurridas en la infancia.

Las primeras experiencias, antes incluso de que el cerebro del niño pueda elaborarlas conceptualmente, graban a fuego vivencias y patrones de comportamiento que condicionarán profundamente la vida adulta.

Serán decisivas, prioritariamente, aquellas experiencias relacionadas con las necesidades del bebé –salud, alimento, cuidado...– y, desde el punto de vista estrictamente psicológico, con la necesidad de sentirse reconocido. La respuesta adecuada generará patrones marcados por la seguridad afectiva y la confianza, mientras que la frustración de las mismas dará lugar a actitudes y mapas mentales caracterizados por la inseguridad, el miedo y la ansiedad.

En el próximo parágrafo trataré de explicar el modo como las experiencias tempranas dejan su impronta en la vida del niño.

Somos además hijos del modelaje, consecuencia del mecanismo de imitación que el niño vive con fuerza. Con vistas a garantizar su propia seguridad, y aun sin ser consciente de ello, el niño tenderá a imitar actitudes y comportamientos de las personas adultas, particularmente de aquellas que sean afectivamente significativas para él.

Como esponja que absorbe todo lo que cae en ella, el niño hace suyo el modo de ver y de vivir de los adultos que lo rodean, quienes le sirven constantemente de espejo donde se ve reflejado. De ese modo, se enfrenta a la existencia con un determinado mapa mental, un mapa recibido y que le resultará muy difícil cuestionar.

Dentro de este capítulo del modelaje, es preciso mencionar otro rasgo importante: la "lealtad" que vive el niño hacia los adultos, lealtad que le llevará incluso a pasar por encima de sus propias necesidades y gustos.

Es esa lealtad la que explica que el niño se vea a sí mismo tal como se siente visto por sus cuidadores primarios y, más en general, por las personas importantes para él. Y que, por ejemplo, no se permita vivir alegre cuando ve a sus padres habitualmente tristes o apesadumbrados. En cierto sentido podría decirse que este mecanismo de la lealtad otorga intensidad al modelaje.

Genes, experiencias, modelaje... influyen en la configuración del psiquismo infantil y nos hacen ver, ya desde el inicio, la importancia de un trabajo psicológico con el niño interior, capaz de sanar, reeducar u orientar aquellos automatismos con que nos encontramos en nuestra vida adulta. Sin embargo, no todo acaba ahí.

Somos, en un nivel todavía más profundo, hijos de la vida. ¿Qué significa semejante afirmación? Volveré a ello al final del último capítulo. De entrada, tal afirmación quiere expresar que somos más que genes, experiencias y modelaje. Si todo este conjunto hace referencia a –y constituye– nuestra personalidad, aquella otra afirmación apunta a la dimensión transpersonal (o espiritual), es decir, a nuestra identidad.

Nos estamos experimentando y desarrollando en –como– una persona: un cuerpo, una mente, un psiquismo. Pero ahí no se agota nuestra realidad. Más allá de todo ese conjunto de objetos –lo que llamamos "yo" es otro objeto más–, somos Eso que es consciente de ellos, Eso que observa y no puede ser observado, "Eso que no tiene nombre" –en expresión lograda de José Saramago– pero que percibimos de modo directo, inmediato y autoevidente, al silenciar el pensamiento.

Pues bien, Eso que no tiene nombre es evocado con diferentes términos, que sin ninguna pretensión de atrapar aquella realidad –siempre elusiva para la mente–, intentan simplemente apuntar hacia ella: consciencia, ser, totalidad..., vida.

Así que, hablando con propiedad, más que "hijos de la vida", resulta ajustado decir: "somos vida". Somos vida –o consciencia– desplegándose en forma humana. Con lo que, al final de este breve recorrido, emerge con fuerza nuestra paradoja: la identidad desplegándose en una personalidad concreta.

Pero volvamos a nuestro nivel psicológico. Debido a su relevancia para comprender todo lo relativo a la vivencia del niño, así como a la futura existencia adulta, me parece imprescindible detenerme, al menos brevemente, en el análisis de las primeras experiencias infantiles.

¿Qué pasó con el niño que fuimos?

El niño empezó siendo pura necesidad, en todos los sentidos. Y necesidad es hambre y, en consecuencia, ansiedad. Si encontró respuestas adecuadas y creció en un ambiente saludable, es probable que, a medida que crecía, fuera haciendo pie en sentimientos de seguridad y confianza.

Gracias a ello, pudo crecer en su interior una especie de plataforma, en la que asentarse de manera natural y desde la que pudo salir a explorar y conocer el mundo, implicándose progresivamente en él, de manera abierta y serena.

Tales sentimientos permiten, a su vez, que el niño no se vea obligado a esconder su originalidad ni su espontaneidad. En cierto modo, garantizan que el niño original pueda seguir mostrando su rostro, sin alejarse ni ocultarse.

Todo lo contrario es lo que sucede cuando el niño ve frustradas sus necesidades básicas de manera reiterada. La frustración provoca dolor, junto con sentimientos de inseguridad afectiva, desconfianza, miedo y ansiedad. El niño empieza a sentirse extraño a sí mismo en un mundo que percibe como hostil. A partir de esa sensación de carencia y de miedo, no le queda otro camino que esconderse, protegiéndose bajo diferentes mecanismos de defensa que activa de manera automática.

Tales mecanismos de defensa, que compartimos con seres de otras especies, adoptan tres modalidades: la huida, la agresión y la congelación (o paralización). Al ser activados de manera reiterada, desde el primitivo instinto de protección y supervivencia, llegan a constituir una especie de segunda personalidad, que fácilmente termina ocultando o incluso apagando la vitalidad y la espontaneidad de la persona. Es el motivo por el que, incluso sin advertirlo con claridad, el niño crece viviendo, no en coherencia con su propia originalidad, sino en función de aquellos mecanismos que se vio obligado a asumir. Y, de no mediar un trabajo psicológico más o menos profundo, puede llegar a la edad madura parapetado en ellos, mostrando una fachada que poco o nada tiene que ver con su belleza original.

La seguridad afectiva y, de su mano, la confianza se traduce en una existencia caracterizada por la serenidad, la ecuanimidad, la alegría, la humildad y el amor. Por el contrario, quien ha tenido que instalarse, de forma continuada, en diferentes mecanismos de defensa, se verá forzado a vivir pendiente de sí mismo, de modo egocentrado y narcisista, tratando de autoafirmarse a toda costa y de sobrevivir con el menor grado de malestar posible.

He mencionado la seguridad afectiva como el factor decisivo que marcará, en un sentido u otro, la evolución psicológica de la persona. Si la primera necesidad psicológica es la de sentirse reconocido –tocado, visto, apreciado...–, la falta de respuesta a la misma produce la que será la primera herida emocional: la inseguridad afectiva, con todas sus secuelas que irán desde la falta de autoestima hasta la culpabilidad y el autorreproche.

No hay que olvidar que un niño que se siente ignorado puede llegar a dudar incluso de su propia existencia. Lo cual es posible que se sustancie en la carencia de un sentido interno del yo..., problema que continuará en la vida adulta, hasta que no se "integre" el niño interior. La explicación de este hecho, con graves secuelas de sufrimiento psíquico y de dificultades para la autoestima y las relaciones interpersonales, es sencilla: el niño que no se sintió reconocido encontrará graves dificultades para reconocerse a sí mismo, es decir, para "encontrarse" consigo.

Puede que pase desapercibido, ya que los niños que sufren mucho no cuentan lo mal que se sienten. Pero parece claro que un niño al que se maltrata o simplemente se ignora crecerá incapaz de amarse a sí mismo.

No solo eso. Ante la falta de reconocimiento, su vida quedará apagada y bloqueada, hasta producir una dolorosa sensación de inexistencia. La llamada "herida de no-existencia" ocurre siempre que el niño no se siente reconocido de manera reiterada. El psiquiatra y psicoanalista Andreu Anglada ha hablado de "los tres demasiado" del sufrimiento: aquel que se produce *demasiado pronto*, que es *demasiado fuerte* y que se prolonga durante *demasiado tiempo*. Ahí se fragua el efecto droga del sufrimiento. Quien lo sufre se ve obligado a romper de forma inconsciente cualquier etapa de bienestar emocional, porque le falta su dosis de dolor. Este sufrimiento patológico –cada vez más frecuente, según el mismo autor– se fragua en el grupo original o familia de infancia, cuando la comunicación emocional entre sus miembros no ha funcionado bien. La falta de comunicación profunda en el núcleo familiar originario tiende a provocar un sentimiento de soledad y abandono, que se puede arrastrar a lo largo de la existencia, generando la adicción al sufrimiento[2].

2. Entrevista de Cristina Turrau a Ramón Andreu Anglada, psiquiatra y psicoanalista, en *El Diario Vasco*, 1 de agosto de 2022: https://www.diariovasco.com/sociedad/salud/psicologia/gente-desconoce-adiccion-20220801215541-nt.html

Parece evidente que la comunicación emocional profunda en el ámbito familiar constituye un elemento crucial para sostener un crecimiento psicológicamente saludable y armonioso. Cuando no se da, suelen originarse actitudes y comportamientos disfuncionales, porque el niño que crece sin sentirse escuchado vivirá habitualmente en estado permanente de alerta, con lo que eso supone de miedo, ansiedad, tensión, exigencia y estrés. Porque la frustración reiterada de su necesidad de ser reconocido le hará sentirse no-valioso, no-digno, incluso no-merecedor de existir.

En realidad, la cuestión decisiva en la vida del bebé –donde se verá o no satisfecha su necesidad básica– es la del apego o vínculo afectivo con la figura materna (y otras significativas para él). La cuestión del apego fue estudiada detenidamente en el ámbito psicológico a partir de la década de los sesenta del siglo pasado. Psicólogos y neurocientíficos observaron cómo las experiencias infantiles –incluso intrauterinas– tenían consecuencias decisivas en lo que podría llamarse el "cableado" neuronal[3].

El vínculo no seguro, en cualquiera de sus formas, da lugar fácilmente a un *trastorno de apego*, de mayor o menor intensidad, con repercusiones notables en la vida de la persona adulta. Dentro de él, puede hablarse de apego ambivalente, que genera un yo confuso; de apego evitativo, con el resultado de un yo

3. La *teoría del apego* fue formulada inicialmente por el psiquiatra y psicoanalista John Bowlby, que se basó, entre otros, en los científicos Konrad Lorenz –que había investigado el fuerte apego que se produce en diferentes especies animales– y Harry Harlow, que estudió detenidamente los efectos que producía la separación de la madre en bebés de monos rhesus.

desconectado; y de apego desorganizado, que desemboca en un yo fragmentado o irreal[4].

El apego ambivalente no permite al niño estar relajado, ya que nunca sabe qué esperar. Puede ser consecuencia de la propia inconsistencia de los padres. En cualquier caso, se halla asociado a una historia de sintonización no coherente por parte de los adultos. Como el niño no puede verse con claridad en los ojos de ellos, el resultado es una sensación de identidad personal confusa. Así nace, en la historia de ese niño, una narración preocupada: necesito a los demás, pero no puedo contar con ellos.

Al ser un apego ambivalente, el niño no es capaz de diferenciarse de su madre ni, por tanto, de tener una identidad o una vida afectiva propia. Puede sentirse invadido por la ansiedad de su madre, aunque él mismo no la sienta. Pero es el estado de la madre el que determina el suyo. Y en lugar de producirse una conexión fiable entre dos personas diferentes, lo que ocurre es que mantienen una conexión que se acaba enredando.

La dificultad de la madre para "ver" a su hijo, de una manera "fiable" y segura, bloquea la integración, por lo que el hijo puede verse arrastrado hacia el caos. ¿Qué ocurre en el futuro? Cuando ese adulto se enamore, es probable que no vea a su pareja como una persona distinta que tiene derecho a tener una vida propia, sino que le exija que esté *para* él.

La persona que ha vivido este tipo de apego necesitará distanciarse de la avalancha de pensamientos y sentimientos, imágenes

4. He desarrollado más detenidamente esta cuestión en *Psicología transpersonal para la vida cotidiana. Claves y recursos*, Desclée De Brouwer, Bilbao 2020, pp. 80 y ss.

autobiográficas y sensaciones corporales..., hasta poder separar las preocupaciones internas de las realidades externas. En concreto, tanto la práctica de mantener la atención en la respiración, como la de tomar distancia de la mente pensante pueden ser dos medios eficaces frente a la hiperexcitación que conlleva ese modelo de apego.

El apego evitativo se activa tras experiencias reiteradas en las que el niño no se sintió visto ni reconocido por sus padres. A partir de ahí se produce una minimización o incluso negación de su necesidad –"no necesito a los demás"–, como modo defensivo de apaciguar el sufrimiento intenso que le produce la frustración, y que conducirá con mucha probabilidad a una actitud de "antidependencia" frente a los demás. De ese modo, el niño termina desconectando de los otros e incluso de sus propios sentimientos y emociones, instalándose en el hemisferio izquierdo y dando como resultado un yo desconectado.

Cuando se ha vivido un apego evitativo, el niño tiende a cerrar los circuitos cerebrales que buscan cercanía y conexión; es decir, apaga el hemisferio derecho relacional, emocional y centrado en lo somático. Desconecta de sus sentimientos y sensaciones corporales, quedando así desvinculado de su mundo subcortical.

Dado que la evitación hace poner un énfasis excesivo en el hemisferio izquierdo (o razonador), minimizando (o incluso negando) las necesidades de apego, ayudará todo aquello que favorezca conectar con las propias sensaciones.

El apego desorganizado ocurre cuando uno de los padres aterroriza. Al sentir terror ante una figura de apego, se activan en el cerebro dos circuitos diferentes, que producen en el niño la sensación de no haber salida posible. Un circuito en el tronco del encéfalo, que cuida de la supervivencia, grita: "*¡Huye!*". El otro, en el área límbica, que regula afectos y emociones, impulsa a buscar protección cuando se siente miedo: "*¡Acércate!*". El problema es que no puedes huir y acercarte a la misma persona al mismo tiempo. Se trata de dos impulsos opuestos, por lo que se genera un conflicto irresoluble: es el "miedo sin solución", que con frecuencia va acompañado de vergüenza.

Se comprende que este tipo de apego produzca un yo fragmentado o disociado, que hace a la persona sumamente vulnerable, hasta el punto de llegar a sentirse a sí misma como lejana o incluso irreal. Este modelo suele activarse intensamente en situaciones de malos tratos o de abusos.

Cuando se ha vivido un apego inseguro, la persona adulta suele verse inundada de sentimientos dolorosos que parecen desbordarla. Las reacciones sin control indican que la corteza prefrontal se desconecta y que los procesos del hemisferio derecho anulan la influencia equilibradora del hemisferio izquierdo.

Y eso mismo puede hacer crecer una exagerada susceptibilidad: el niño amplifica sus circuitos de apego para poder obtener cualquier clase de conexión, y su ventana de tolerancia a la desconexión se estrecha tanto que el menor indicio de (lo que lee como) rechazo hace que se torture o estalle en cólera.

Frente a la tendencia a fragmentar (disociar) la mente, será necesario reconocer el problema, aceptarlo, investigar lo que sucede, eventualmente buscar ayuda profesional para trabajar el fenómeno de la fragmentación y, de ese modo, ir avanzando en no identificarse con ello.

Lo que parece obvio es que, de padres infantiles, variables, ansiosos o incoherentes..., crecerán hijos con trastorno de apego inseguro. No podría ser de otro modo ya que, cualquiera de esos rasgos más o menos neuróticos interferirán de manera decisiva en la vivencia infantil, tanto más cuanta mayor sea su intensidad y frecuencia. Y es aquí donde se juega el futuro desarrollo del niño porque, si careció de seguridad afectiva, ¿cómo podría afrontar la existencia de manera confiada?

El apego no seguro repercute, tanto en la propia vivencia interna del niño, como en la relación con los otros. Ya que, sin apego seguro, no se activan, a nivel neuronal, los circuitos de resonancia que crean un "nosotros", llegando incluso a quedar bloqueada la capacidad de empatía y de compasión. Tal como ha escrito el psiquiatra y neurocientífico Daniel Siegel, "cuando mis circuitos de resonancia se activan puedo sentir lo que siente otra persona... Sin embargo, si no me puedo identificar con nadie, esos circuitos de resonancia se acabarán apagando. Veré a los demás como objetos, como «ellos» y no como «nosotros»... No activaré los circuitos necesarios para ver que los demás también tienen una vida mental interior. Esta desactivación de los circuitos de la compasión puede ser una explicación de nuestra violenta historia como especie"[5].

5. D. Siegel, *Mindsight. La nueva ciencia de la transformación personal*, Paidós, Barcelona 2011, p. 332.

A esa misma problemática se refiere el especialista Boris Cyrulnik cuando escribe que "la clave para crear sociedades altruistas, empáticas y resilientes es la «segurización», es decir, la creación de un entorno seguro y afectuoso para el niño, tanto en su hogar como en la escuela, desde los primeros años de vida".

La falta de apego seguro produce rigidez y huida a la mente, como mecanismo de defensa, y genera un niño herido que se verá obligado a activar diferentes mecanismos –del color de la huida (timidez, retraimiento, aislamiento), la agresión (enfado, rabia, violencia) o la congelación (paralización, claudicación, hundimiento, depresión, apatía)– buscando, en medio de su malestar con frecuencia silencioso, apenas sobrevivir.

Son mecanismos que ocultan al niño original, con el que, de un modo u otro ya se ha entrado en guerra. El niño herido, con sus diferentes artimañas, parece ocupar todo el espacio. Y se ve como enemigo de sí mismo porque, siempre que sufre, todo niño tiende a culparse, sobre la base (narcisista) de creer que hay en él algo inadecuado.

La buena noticia se llama neuroplasticidad cerebral y epigenética, tal como hemos señalado en su momento. Es posible rescatar a ese niño herido. Y ese es precisamente el objetivo de todo el trabajo psicopedagógico con el niño interior, tal como quiero plantearlo en este libro.

Más allá de la mencionada neuroplasticidad, contamos con otro elemento fundamental: la fuerza de la vida que, a pesar de todo, sigue pugnando por abrirse paso aun en medio de sufrimientos y bloqueos de todo tipo. Es también en ella donde se apoya toda esta tarea. Porque, más allá de heridas y obstáculos, también ese niño –o ese adulto– que tuvo que esconderse para sobrevivir, en su identidad profunda, es –siempre lo ha sido– vida. ¿Cómo no podría alzarse a partir de esta comprensión radical de lo que realmente es?

¿Cómo sigue viviendo el niño en la persona adulta que somos hoy?

El niño que fuimos vivirá en nosotros siempre, no solo porque las experiencias vividas son imborrables, sino porque él mismo constituye nuestra originalidad psicológica.

En realidad, son dos los niños que habitan en nosotros: el niño original y el niño herido. El primero remite a nuestra originalidad psíquica, previa a los diversos "accidentes" que pudieron complicar o incluso bloquear su desarrollo. Lo cual no significa sostener que todo aquello que nos frustró en su momento fue algo negativo. Según como se vivan, las frustraciones e incluso las adversidades pueden constituir oportunidades que potencian la germinación y el despliegue de capacidades que, de otro modo, hubieran podido quedar dormidas o aletargadas.

La referencia a los "dos niños" no implica ningún tipo de dualismo ni, mucho menos, de maniqueísmo. Pretende únicamente aludir a la doble realidad de nuestro psiquismo: la originalidad y las dificultades dolorosas, la parte sana y la parte herida.

El niño original, tal como indica su nombre, remite a nuestra originalidad, sabe a inocencia y se manifiesta como vitalidad, seguridad, confianza, alegría de vivir, gozo, espontaneidad y creatividad.

Se trata de una realidad siempre presente en nosotros –es lo que define nuestra personalidad–, por más que se encuentre oscurecida, opacada, negada, oculta o totalmente desconocida. Es lo que éramos de niños y es lo que seguimos siendo ahora.

La tarea, en este campo, consiste en reencontrar aquel niño original y liberar su riqueza en nosotros.

Con frecuencia, sin embargo, quien aparece de manera más visible en la superficie es nuestro niño herido, lo cual no es difícil de comprender. El sufrimiento provocado por la inseguridad afectiva, en sus diversas expresiones, que se condensa en el sentimiento de indignidad y de culpabilidad, termina fácilmente coloreando toda la vivencia de la persona. Es, por tanto, lo primero que salta a la vista y el principal motivo de preocupación. Funcionamos así: cuando aparece un malestar más o menos agudo copa toda nuestra atención y reclama toda nuestra energía. No es extraño, pues, que el niño herido acapare el espacio y sea el más visible.

El niño herido nos va a acompañar igualmente a lo largo de toda nuestra existencia, incluso cuando hayamos hecho un trabajo de sanación. Eso no significa que hayamos de cargar irremediablemente con el dolor, el miedo, la culpa y la angustia por lo que ocurrió en algún momento de nuestro pasado –todo lo cual ha podido ser elaborado, sanado e integrado–, sino que forma parte de nuestra historia que no podemos negar.

Tal como ha quedado dicho, el niño herido se muestra en dos rasgos característicos: la desproporción y la repetitividad. Todo aquello que se nos repite de un modo u otro y que, además, viene marcado por un sesgo de desproporción está naciendo, con mucha probabilidad, de aquel niño en nosotros que sigue reclamando respuesta a sus necesidades. Repetitividad y desproporción no son sino gritos, más o menos confusos y ahogados, del niño que anhela ser visto y reconocido.

En este caso, se trata de encontrarnos con ese niño herido, desde la persona adulta que somos hoy, para atenderlo, escucharlo, acogerlo y regalarle una presencia de calidad –de la que careció en su momento– que le permita recuperar la seguridad, la confianza y la alegría de vivir.

Como resultado de todo ese trabajo, se va produciendo una –podemos llamarla así– integración creciente entre los "dos niños", que terminan encontrándose y fundiéndose de manera armoniosa.

Ese es, precisamente, el fruto de esta práctica: el encuentro con el niño interior, en las diferentes etapas que hayamos de recorrer, es condición insoslayable de unificación personal, de integración y de armonía.

Lo que estamos haciendo en todo ese proceso no es otra cosa que integrar de manera lúcida y saludable nuestro pasado, con sus luces y sus sombras. Ya que solo esa integración permitirá vivir en paz y en serenidad, a la vez que desplegarnos creativamente en nuestra potencialidad.

A medida que avancemos en ese camino, observaremos sin duda cómo vamos creciendo en unificación personal, a la vez que nos vamos liberando de necesidades y miedos tiránicos.

Y esa misma experiencia de transformación progresiva se convertirá en la motivación más poderosa para continuar el trabajo psicopedagógico sobre nosotros mismos, en concreto para vivir el encuentro con nuestro niño interior y todo lo que tengamos que aprender de él.

Porque en ese trabajo nos encontraremos seguramente con una paradoja significativa: si en una primera etapa, es el adulto en nosotros quien va al rescate del niño herido y es testigo de la emergencia del niño original, en un segundo momento, este último, devolviéndonos nuestro rostro original, con la fuerza de su vitalidad y creatividad, se convierte en nuestro "maestro".

Si se entiende bien, puede decirse que el trabajo psicológico alcanza una cierta culminación –por más que sea necesario no descuidarlo nunca– cuando el niño original se convierte en nuestro guía y nos hacemos dóciles a su voz.

En este sentido, me resulta sumamente revelador que existan tradiciones sapienciales que hayan hablado de la necesidad de "hacerse como niños", tal como se recoge, por ejemplo, en la tradición evangélica. Y que el propio Nietzsche, con lucidez y penetración, hablara de las tres transformaciones o "metamorfosis del espíritu" que, desde nuestro punto de vista, podemos entender como etapas del desarrollo psicológico o incluso psicoespiritual de la persona.

En la primera, el camello representa al espíritu sufrido que demanda ser cargado; necesita que le digan qué es lo adecuado y lo inadecuado, lo que está bien y lo que está mal. No tolera la duda. Su carga preferida es el "yo debo".

El león puede aparecer en el paso siguiente cuando el espíritu no tolera la sumisión: ¡quiere conquistar la libertad y ser el señor de su propio destino!... El león ha descubierto que, detrás del "debo", se oculta el "quiero", y es capaz de expresarlo abiertamente. No tiene miedo a admitir que en último término está solo. No teme a la vida, no se teme a sí mismo. El león avanza solitario, no pertenece a ningún rebaño. (Con mucha frecuencia, el miedo a crecer esconde, de hecho, miedo a la soledad).

El niño nace tras una tercera transformación. El camello dice "sí" porque es incapaz de decir "no". El león dice "no" para alimentar su autonomía y liberarse del yugo del deber. El niño dice "sí"... *porque sí.* No busca demostrar nada con su sí. No es un si comparativo. El niño dice sí porque es uno con todo lo que es. Y por eso no puede querer nada que sea distinto de lo que es. El sí es la expresión de la aceptación máxima: es inocencia y olvido.

Tal como escribe Mónica Cavallé, comentando esta parábola de Nietzsche, "el sabio es aquel que ha vuelto a ser niño... El sabio y el niño solo pueden jugar y crear: entregarse a cada experiencia –no hay juego sin pasión– sin perderse en ella –esa pasión no es alucinación, paranoia, porque el que juega sabe que juega–. El juego, la vida del sabio, es pasión desapegada. El sabio es el que ha abandonado la falsa seriedad de la existencia: los suspiros sacrificados del camello-mártir, el crispado sentido del honor del arrogante león. Es el que conoce, con Heráclito, el gran secreto: El Ser es un niño que juega"[6].

La integración del niño interior –cada vez más unificado– se manifestará en la expresión de la vida que fluye. En realidad, eso es lo que somos: presencia que se despliega, vida que se expresa. Hay un movimiento de despliegue psicológico, y hay también, simultáneamente, apertura a nuestra dimensión profunda

6. M. Cavallé, *La sabiduría recobrada. Filosofía como terapia*, Oberon, Madrid 2002, p. 265.

(transpersonal o espiritual), que nos permitirá reconocernos, no como un ser más o menos armonioso que *tiene* vida, sino como la vida misma que se despliega en este ser particular. La conjunción del trabajo psicológico y espiritual nos trae definitivamente a "casa".

Este es el objetivo del trabajo propuesto, que trataré de abordar, del modo más pedagógico que me sea posible, en los dos capítulos siguientes.

2

Una historia que sanar: rescatar al niño herido

En nuestra identidad profunda, somos vida que se expresa en una forma particular. De hecho, todo sin excepción es vida –la única realidad *realmente* real– que se despliega de manera incesante. O dicho de otro modo, todo son formas que la vida adopta. Un bebé es, de entrada, vida desplegada en vitalidad, espontaneidad e inocencia.

Ahora bien, aun siendo vida en su identidad, en cuanto forma particular (persona), el ser humano es impermanente, frágil y vulnerable. Y eso se percibe más aún si cabe en el bebé, del que ya hemos dicho que es pura necesidad.

En el capítulo anterior he intentado mostrar hasta qué punto las carencias y las heridas dificultan gravemente la expresión de la vida, producen sufrimiento y generan disfunciones. Brevemente: cuando hay sufrimiento continuado, la vida se bloquea o, dicho de manera más ajustada, en nuestro psiquismo nos sentimos bloqueados.

La vida queda aplastada o contraída: se apaga la alegría de vivir. El niño queda desconectado de sus sentimientos, de sí mismo, de los otros y de la vida: es el niño herido que, de forma inconsciente, contaminará el comportamiento de la persona adulta porque, querámoslo o no, asumirá el protagonismo.

Cuando el niño herido lleva las riendas

Al ser pura necesidad, el niño no dejará de reclamar respuesta a la misma por todos los medios a su alcance y del modo que la situación y el contexto le permitan.

En los casos en que ha vivido una frustración dolorosa, más o menos intensa y constante, el niño aparentemente claudica y deja de demandar de manera expresa lo que necesita. Pero eso no significa que se acabe el reclamo, que aparecerá disfrazado en forma de exigencia narcisista, enfado, llamadas de atención...

Y esto mismo es lo que puede suceder en la vida adulta. Vivir con un niño herido en nuestro interior significa sentir en carne viva las necesidades y los miedos más agudos: necesidades que no fueron respondidas en su momento y miedos que emergieron o se fortalecieron en esa misma frustración. Unas y otros dan lugar a un “griterío” interior acompañado de sufrimiento y de ansiedad por la carencia.

Quien en realidad grita es el propio niño herido que, aunque sea de manera inconsciente, se cuela por todo el espacio interior, asumiendo un protagonismo que, en la práctica, termina gobernando la vida de la persona adulta.

Para advertirlo, basta observar nuestra vida cotidiana, en sus diversas manifestaciones, preguntándonos qué es exactamente lo que nos mueve en lo que hacemos y en lo que vivimos. Tal vez nos sorprenda el hecho de que, en nuestro desempeño como adultos, andamos buscando constantemente la seguridad de la que carecimos o tratamos de protegernos de miedos que nos atenazaron.

A poco que nos vayamos familiarizando con nuestro mundo interior y estemos motivados a encontrar, más allá de la imagen, la verdad de lo que vivimos, no nos resultará difícil apreciar hasta qué punto y con qué frecuencia toma el mando nuestro niño herido. Al analizar nuestros sentimientos, reacciones y comportamientos, podremos descubrir con facilidad al niño que se oculta en todos ellos: sentimientos dolorosos que se repiten una y otra vez, reacciones defensivas ante los otros, autojustificaciones que pretenden maquillar la verdad de lo vivido, culpabilidades que pesan, exigencias perfeccionistas que tironean y estresan, miedos más o menos paralizantes, comportamientos narcisistas y actividad marcada por intereses egoicos...

La necesidad de destacar, ocupar un lugar, triunfar, ser especial, detentar poder, adquirir bienes a toda costa, tener razón..., así como el miedo a fallar, a no dar la talla, a no ser apreciado ni valorado, a sentirse inseguro..., suelen ser expresión del niño herido que hará todo lo imaginable para tratar de satisfacer las necesidades y paliar los miedos. Pues bien, cuando eso se produce, ¿quién lleva en realidad las riendas de nuestra existencia? En ese caso, ¿no estamos en la práctica alienados a nuestro pasado o, lo que es lo mismo, a la tiranía de un niño que no hace otra cosa sino buscar la respuesta que siempre necesitó?

Tal vez sea en el campo de las relaciones y de los afectos, donde este mecanismo se manifieste de manera más evidente y donde mejor se aprecien sus efectos. No es extraño, por ejemplo, que personas adultas vayan buscando constantemente, en sus relaciones, la madre o el padre que hubieran deseado tener.

Y es igualmente frecuente el hecho de que se vivan las relaciones esperando recibir de los otros, aun de manera inadvertida, respuesta a las propias necesidades emocionales que quedaron pendientes y que, por esa misma razón, permanecen inconscientes al propio individuo.

Por más que sea involuntario, resulta indudable que este modo de funcionar hace imposible, tanto mantener la fidelidad a lo mejor de sí mismo, como vivir relaciones adultas y constructivas. No puedo ser fiel a (lo mejor de) mí, cuando me veo tironeado por necesidades exigentes y miedos abrumadores. Y tampoco puedo vivir una relación adulta cuando mi mundo interior, debido a problemáticas no resueltas, reclama toda mi atención de manera más o menos enfermiza, y me hace ver a los otros y relacionarme con ellos en función de mis miedos y necesidades.

El resultado global, variable según cada historia y cada situación, no será sino una existencia adulta marcada por el infantilismo, el narcisismo y el egocentrismo. Porque, desde el inicio mismo de su andadura, en el niño herido fueron apareciendo sesgos mentales (y emocionales) –consecuencia de la experiencia y del modelaje vividos–, que fácilmente vienen a agravar la situación: inseguridad afectiva, soledad-aislamiento, miedo, narcisismo, egocentrismo, ansiedad, victimismo, culpabilidad, perfeccionismo, rumiación... Sesgos, todos ellos, que aumentan e intensifican el sufrimiento y sumen en una confusión cada vez mayor.

En definitiva, en tanto no integremos y sanemos al niño herido, quien lleva la voz cantante en nuestra existencia, aun bajo muy diferentes disfraces, es un ego hambriento y asustado, cuyas consecuencias alcanzarán a todos los ámbitos de la vida humana, desde el psicológico al social y al espiritual.

En el terreno psicológico, el niño herido experimentará indignidad, culpabilidad, vergüenza tóxica e inseguridad afectiva, sentimientos que se verá forzado a compensar de cualquier modo que le sea posible y con todos los medios a su alcance, sin reparar en las consecuencias. La premura por paliar su sufrimiento le urgirá a ello y le impedirá tener en cuenta otros factores que pudieran equilibrar o moderar sus decisiones. Porque es su propia ansiedad la que le impide tomar distancia para afrontar la realidad de manera más desapropiada y, por ello, más ajustada.

Aquellas carencias de base se traducirán en desajuste interno. Es sabido que el sentimiento de indignidad y de culpabilidad –de que "hay algo defectuoso en mí"– es como un gas invisible y tóxico. Cuando eso ocurre, no podemos relajarnos nunca: siempre estamos en guardia, a la defensiva. ¿Cómo podría sentirse a gusto en su propia piel aquel en quien habita un niño herido y atenazado por esos sentimientos?

En el campo social –relacional, laboral, político...–, el niño herido, víctima una vez más de miedos irracionales y de necesidades tiránicas, se verá, por una parte, incapacitado para mantener relaciones transparentes y constructivas, mientras que, por otra, no dudará en utilizar a los demás en beneficio propio. Es aquí donde encontramos la clave de las dificultades interpersonales, así como de los conflictos laborales y de los enfrentamientos políticos.

El peso del niño herido en la vida adulta se observa con frecuencia en la fractura o el hiato que se da entre la capacidad profesional de una persona y la cortedad de su visión humana, entre el desempeño eficaz de sus tareas y la pobreza de sus motivaciones y aspiraciones, entre la soltura con que, aparentemente, se maneja en el campo relacional, laboral o político, y la estrechez de sus planteamientos vitales.

Finalmente, por lo que se refiere al *campo propiamente espiritual*, el niño herido hará prácticamente imposible la vivencia de una espiritualidad genuina, que implica trascender el ego a partir de un proceso de desidentificación y desapropiación creciente. Porque, tal como decía más arriba, el niño herido, debido a la fuerza tiránica de miedos y necesidades, es puro ego, que necesita toda su energía para sostener su siempre precaria y frágil sensación de existencia. ¿Cómo podría tomar distancia de él para vivir la desidentificación y la desapropiación? Solo un ego integrado puede ser trascendido, nos recuerda la psicología transpersonal. Lo cual no se da, ciertamente, en el caso del niño herido.

La espiritualidad genuina no es "algo" que tenemos o hacemos, sino aquello que somos en profundidad. Ahora bien, no es posible vivirse en ese nivel profundo (espiritual) cuando necesidades infantiles y miedos no racionales están forzando a vivir en la superficie y en la inmediatez. Solo la integración efectiva de nuestro pasado hará posible la unificación personal y capacitará para vivir en conexión consciente con nuestra profundidad, propiciando de ese modo el paso a la autotrascendencia.

En resumen –y contando con todas las matizaciones necesarias en cada caso–, el niño herido es un manojo de miedos y necesidades –dos caras de la misma realidad–, que lo convierten en una marioneta movida a tenor de los impulsos que brotan de aquellos.

Todo ello muestra una conclusión palmaria: solo podremos avanzar en unificación y libertad interior, así como en capacidad de relaciones sanas y de acción creativa, en la medida en que vivamos un encuentro sanador con nuestro niño o niña interior.

Dicho en positivo: el trabajo con el niño interior constituye una poderosa herramienta psicoterapéutica para sanar lo herido, potenciar la reconstrucción personal y recuperar la inocencia original. Gracias a él, es posible liberar al "niño original", creciendo en armonía personal y posibilitando relaciones y acciones realmente constructivas. Pero todo ello requiere regalar al niño herido, de manera tan continuada como incondicional, una presencia de calidad.

Una sanadora presencia de calidad

Podría decirse que el apego seguro, fuente de seguridad afectiva y de confianza, se produce cuando el niño experimenta junto a él una presencia de calidad. Es la presencia sanadora, que constituye sin duda el mejor regalo que podemos ofrecer a cualquier persona en cualquier circunstancia y que el niño necesita para autoafirmarse de manera sana y constructiva.

La presencia de calidad no juzga, no exige, no impone, ni siquiera aconseja; sencillamente, está presente, regalando comprensión y apoyo, ofreciendo incondicionalidad, desde el respeto, el no juicio y la fe en el otro.

Presencia de calidad es aquella que vive, a la vez, cariño y firmeza, amor sin juicio, incondicionalidad en la entrega. Estar presente a alguien es el mejor modo de decirle que nos importa, que puede contar con nosotros y que lo acogeremos en toda circunstancia.

Pues bien, únicamente podremos rescatar a nuestro niño herido gracias a la presencia de calidad que hoy le podamos brindar. En esto consiste la llamada tarea de "maternización". Seamos hombres o mujeres, todos y todas estamos llamados a ser, para nuestro niño o niña herida, la "madre" que está presente, regalando amor incondicional, comprensión, apoyo, seguridad..., en una palabra, presencia de calidad. Hoy somos nosotros, adultos, quienes tenemos que ser la madre y el padre de aquel niño, que sigue reclamando respuesta a sus necesidades pendientes, por más que las oculte o las niegue.

¿Cómo vivir el encuentro con nuestro niño herido? Habrá que empezar situándonos con cariño y respeto ante él, queriendo escucharlo y aprender todo lo que tiene que mostrarnos. A partir de ahí, podemos *visualizar* su imagen –mucho mejor si tenemos delante una fotografía de nuestra infancia o adolescencia–, iniciando el proceso de acercamiento a él.

A continuación, puedo observarlo con detenimiento, teniendo como trasfondo esta pregunta: ¿qué percibo en ese rostro?, ¿qué me parece que ese niño está sintiendo?... Una vez percibido su sentimiento, puedo preguntarle: ¿qué necesitas que te diga?, ¿qué necesitas escuchar de mi parte? Si ponemos atención, no será difícil que nos surja con precisión aquello que el niño está necesitando escuchar en ese momento. (Recuerdo todavía con emoción el día en que sentí decir a mi niño interior, que había vivido siempre tan "pendiente" de los demás: *Necesito que me digas que mi valor está en mí, y que no depende de cómo me miren los otros*; o en otra ocasión: *necesito que me digas sencillamente que me quieres*). Por cierto, cuando se nos hace patente lo que necesita escuchar, me parece importante volver a su imagen con frecuencia a lo largo del día, como en un guiño, para reafirmarle en aquellas palabras que le hemos dirigido.

Ahora sí, podemos *llamarlo por su nombre*. Y aquí, como en todos los pasos que iremos viviendo después, podemos estar atentos a nuestra doble dimensión de adultos y de niños. En este caso, observo si yo, como adulto, soy capaz de nombrarlo con gusto, y si el niño se reconoce en su nombre y lo escucha también gustoso.

A partir de ahí, trato de dirigirle una *mirada bondadosa* que lo envuelva. Hemos visto antes la importancia que tiene la mirada en el proceso de crecimiento emocional de los niños. Y, de nuevo, estoy atento para ver si soy capaz de mirarlo con gusto y detenimiento, y si el niño se deja mirar. Cualquier dificultad que aparezca nos remitirá, invariablemente, a la propia historia psicobiográfica. ¿Por qué tengo dificultad para mirarlo con gusto y calma? ¿Por qué el niño encuentra resistencias a dejarse mirar?

Junto con la mirada, conecto con mi capacidad de amor y favorezco que crezca un *sentimiento amoroso* hacia él. Me hago consciente de si soy o no capaz de sentir amor hacia él, y si él se deja amar. También aquí, cualquier dificultad o resistencia nos pondrá delante lo que ocurrió en esta dimensión directamente afectiva. ¿Puedo amarlo?, ¿qué dificultades encuentro? Y por su parte, ¿le cuesta entregarse o, simplemente, sentirse digno y merecedor de ser amado? Sabemos que *el amor viene de la mano de la admiración* (que nace con la mirada). De ahí que, si queremos crecer en amor, tendremos que empezar dejándonos admirar por él.

Junto con la mirada y el sentimiento de amor, el niño necesita también de la *palabra* que lo confirme y le dé seguridad. ¿Qué decirle? Puede ser bueno preguntárselo a él mismo: quizás nos diga todo lo que ha estado necesitando oír desde hace años y nunca lo escuchó. En todo caso, hay palabras que siempre necesitará escuchar: *eres valioso; eres bueno; eres vital; eres cariñoso; eres alegre; eres espontáneo; eres completamente inocente, tú no tuviste ninguna culpa de lo que allí ocurrió; te comprendo; hoy estoy contigo y te quiero*... Para que estas palabras "funcionen", se requiere que sean dichas con absoluta convicción. ¿Siento realmente que mi niño interior es valioso, bueno y completamente inocente? ¿Lo veo así? Y él, ¿puede recibir así esas palabras? Tal como ha quedado apuntado, cuando el niño sufre emocionalmente, empieza a sentirse indigno y culpable. De ese modo, bloquea los dos pilares sobre los que se asienta una personalidad armoniosa: el sentimiento del propio valor y el sentimiento de la propia bondad. De ahí que tengamos que ayudar al niño hasta que se reconozca, sin el menor atisbo de duda, valioso y bueno.

Es claro que el primer cauce a través del cual le llega al niño la respuesta a su necesidad de sentirse reconocido-amado es el *cuerpo*. También a través de él habremos de llegar a nuestro niño interior. Con toda la atención puesta en su imagen, vamos a abrazarlo, abrazando nuestro cuerpo adulto. Deja que tus manos y tus brazos se muevan con libertad y, desde tu sentimiento de amor, permítete abrazarlo o expresar cualquier gesto o caricia que te surja. Al mismo tiempo, estás atento para ver si, como adulto, puedes vivirlo con facilidad, a la vez que observas si el niño consiente en dejarse abrazar y acariciar.

Y ahí permanecemos un *tiempo* que quiere ser de calidad: toda nuestra atención puesta en el niño interior. Cuando nos distraemos, volvemos a él, a través del medio que más nos ayude (la imagen, la mirada, la palabra, el abrazo...) y, sencillamente, *estamos* con él.

Es claro que no se puede forzar absolutamente nada. Todo se dará en su momento. Quizás sea necesario mucho tiempo –mucha paciencia amorosa y calidad de presencia, como fuente de seguridad afectiva y confianza– para que el niño se atreva a bajar las defensas que puso en su momento, así como a levantarse las prohibiciones que se marcó: cuando un niño no se sintió suficientemente amado, mirado o tocado, es muy probable que haya negado su necesidad en esos campos.

En todo caso, hasta aquí, todo es tarea del adulto: él inicia la práctica y él va desarrollando la mirada, el sentimiento, la palabra, el abrazo... El niño solo tendrá una cosa que hacer (cuando llegue el momento y sea capaz de hacerlo): *consentir*, es decir, dejarse recibir todo aquello que hoy se le brinda. El día que el consentimiento sea posible se habrá dado un paso decisivo en el encuentro con nuestro interior y, por tanto, en la unificación psicológica de toda nuestra persona.

A lo largo de todo el proceso, más o menos prolongado según la historia personal de cada cual, el trabajo con el niño interior tiene como objetivo reconectar con el sentimiento del propio valor –aplastado por el sentimiento de indignidad, de no ser adecuado o lo suficientemente valioso– y de la propia bondad –aplastado por el sentimiento de culpabilidad–.

Valor y bondad son realidades constitutivas de todo ser humano. Son los pilares que sostienen el edificio de una personalidad madura. Y, sin embargo, no es fácil que emerjan con claridad ya que, para ello, requieren, desde el inicio mismo de nuestra existencia, de presencias de calidad que sepan ver al niño justamente ahí, en su valor y bondad originales.

La falta de esa mirada tal vez provoque en el niño un sentimiento de indignidad, que se traducirá en creencias de este tipo:

"No tengo importancia, no intereso, no cuento para nadie, no doy la talla... –en definitiva–, no valgo lo suficiente". Y en un sentimiento de culpabilidad, que se expresará como: "En mí hay algo malo, actué mal, me avergüenzo de tantas cosas, no puedo mejorar, no tengo solución... –en definitiva–, no soy bueno/a".

Así como la percepción sostenida de ser valioso y bueno para los demás hará que el niño crezca con seguridad afectiva y confianza, tal como he descrito en el capítulo anterior, la carencia de aquella mirada provocará un efecto desastroso, sumiendo al niño en el sufrimiento y la confusión.

El sentimiento de indignidad generará vergüenza y tenderá a compensarse con el exceso, con el que, aun de manera inconsciente, se pretende afirmar y "demostrar" el propio valor. Por su parte, el sentimiento de culpabilidad, generador igualmente de vergüenza, buscará compensarse con el perfeccionismo y la sobrexigencia. Pero tanto el exceso como el perfeccionismo –otra forma de exceso– dan como resultado una sensación de artificiosidad, que puede llegar a resultar insoportable y que, en cualquier caso, hará imposible el descanso interior y contaminará gravemente la vivencia relacional.

Es así como la falta de reconocimiento reiterado bloquea en el niño el sentimiento de su propio valor y de su propia bondad. El trabajo con el niño interior será el medio para que vuelva a reconectar con ellos, hasta el punto de poder afirmar con serena certeza: "Soy un ser valioso, digno en mí y por mí mismo"; "soy amor y deseo de bien para todos".

El trabajo con el niño herido busca regalarle aquella presencia y aquella mirada que sepan reconocerlo y verlo en su belleza original. Mirada que, para ser eficaz, necesita ser sostenida a lo largo del día, a través del "diálogo" que mantenemos con él, en el que renovamos la calidad de nuestra presencia y, de ese modo, fortalecemos su seguridad y confianza.

De entrada, no se puede predecir con qué nos encontraremos al iniciar este trabajo ni cuánto tiempo durará. Es probable que el encuentro no se produzca en los primeros momentos: queriendo mirar al niño, tal vez constates que él ni siquiera aparece o incluso se encierra o se aleja. Habrá que derrochar paciencia y perseverancia –es lo que necesita recibir todo niño que ha sufrido, para poder entregarse confiadamente– y no dejarse arredrar por las dificultades que podamos encontrar. Conscientes de que todas ellas no son sino reflejos de las padecidas en los primeros años de nuestra existencia.

El camino a recorrer

El camino, que inicia el adulto, busca el encuentro con nuestro niño herido. Pero ningún encuentro auténtico se produce a la fuerza ni por imposición. Así que, de entrada, necesitamos paciencia, perseverancia y fe en la fuerza original de aquel niño, por herido, asustado, retraído o airado que pueda estar. Las prisas entorpecen el acercamiento porque no son sino un disfraz de la ansiedad, tras la pretensión de que nuestras expectativas se realicen ya.

Por definición, todo acercamiento genuino es respetuoso y paciente. Lo cual cobra más relieve al tratarse de nuestro niño interior, a quien el sufrimiento le hizo retraerse, esconderse y desconfiar. Si a eso añadimos que lo hemos tenido olvidado durante años, no podemos pretender que se nos acerque y se nos entregue a nuestra primera señal.

La confianza no se gana de la noche a la mañana, sino con delicadeza, autenticidad y perseverancia. De un modo u otro, tendremos que demostrarle que esta vez no le vamos a fallar y que no sufrirá un nuevo abandono. Y solo en la medida en que se asegure de la verdad de nuestra actitud será capaz de aproximarse y empezar a entregarse paulatinamente.

Si dirijo la mirada a lo que fue mi propia experiencia, observo que la dificultad para que se produjera el primer encuentro residía tanto en el adulto como en el niño.

Recuerdo el impacto que me produjo ver dos fotografías de mi infancia, cuya existencia incluso desconocía: en una de ellas aparezco, con apenas cinco meses, sostenido por una mano que buscaba permanecer oculta, sobre un caballo de cartón que llevaba el fotógrafo a las fiestas del pueblo. En la otra, con cinco años de edad, aparece mi madre llevándonos, a uno con cada mano, a mi hermano y a mí, que mantengo un gesto apático, alejado, entre triste y enfadado.

Mi primera reacción al recibirlas –tenía entonces poco más de treinta años– fue de rechazo frontal hacia aquellas fotografías, en realidad hacia el niño que aparecía en ellas. No quería decirme el motivo, pero ahí supe que había crecido odiando a aquel niño, a quien había hecho responsable de mi sufrimiento infantil y adolescente.

Cuando el niño no se siente reconocido o, peor aún, se siente abandonado y es objeto de burlas, difícilmente evitará que surja en él un sentimiento de autorreproche o incluso de autodesprecio, ya que creerá que es él mismo quien provoca aquellas reacciones por parte de los demás. Una vez hecha esa atribución, ¿cómo no habría de considerarse causante de su propio sufrimiento?

Desde el comienzo de la adolescencia me sentí atraído por la psicología. No dudo que tal interés naciera de mi gusto por conocer, pero sé también que, en mi interior, alimentaba el sueño adolescente de cambiar de manera radical mi forma de ser. No buscaba conocerme y desarrollar lo que era; mi objetivo era más bien ser "otro". Con esos presupuestos, que fueron desplegándose de manera automática –no hubo nadie que me ayudara a aceptarme y acogerme tal como era, ni siquiera que me enseñara que ese era el camino–, estaba alimentando una fractura interna, fuente de un agudo sufrimiento neurótico, con sus secuelas de ansiedad, tristeza, miedo, tensión y exigencia.

Así me explico que, al contemplar aquellas fotografías de mi infancia, experimentara rechazo y las mantuviera olvidadas y ocultas durante meses, sin querer ni siquiera mirarlas.

Me resultaba claro que mi trabajo psicológico debía empezar por el adulto y que necesitaba ayuda profesional. Un trabajo que solo inicié con determinación a consecuencia de una crisis, que experimenté como "agotamiento" mental y psicosomático, y que me introdujo en una depresión de ribetes agudos, que me sumió en un pozo sin horizontes, hecho de atonía, miedo y sinsentido.

Más tarde, el diagnóstico psiquiátrico puso etiquetas a los conflictos de base que, según los profesionales, provocaron el estallido y la fractura interior, y así hablaron de "fobia social", "personalidad abandónica" y "trastorno anancástico de la personalidad".

Ante etiquetas tan sonoras sentí que el mundo se me venía abajo, si bien a la vez experimenté un cierto alivio al ser consciente de que mi sufrimiento tenía un motivo que podía ser nombrado e incluso "científicamente" reconocido.

Con todo, no me resultó fácil aceptar con limpieza mi realidad, dejar de sostener una imagen "ideal" ante los otros, reconocer las sombras, asumir el miedo a mi mundo interior, empezar a mostrarme en mi verdad desnuda... Quien haya pasado por ello sabrá bien todo lo que ahí se moviliza, así como la lucha interna a la que uno mismo se ve sometido.

La crisis me hizo ver que necesitaba aprender a convivir del modo más lúcido posible con una realidad psicológica que nunca podría "resolverse" del todo, abrazando mi vulnerabilidad y reconciliándome con mis límites. Y que, para avanzar en ese camino de aprendizaje, era imprescindible cultivar varias actitudes y herramientas: la aceptación profunda, el camino de encuentro y reconciliación con mi mundo interior, el autoconocimiento, el descubrimiento experiencial de mi verdad más honda por medio del silencio de la mente, la psicoterapia y, en particular, el encuentro con mi niño interior.

Durante un tiempo, en aquellos años, me rondó la idea de abandonar toda actividad que tuviera que ver con grupos –ese miedo era la expresión más clara de la fobia– y buscar refugio en el aislamiento. Sin embargo, no podía negar el impulso hondo a desarrollar la actividad formativa y social que me fuera posible. Y gracias al acompañamiento y a la insistencia de unos excelentes psicoterapeutas, se me hizo patente que los obstáculos, los miedos e incluso todo el trabajo psicológico pendiente sobre mí mismo no podían impedir que fuera respondiendo, paso a paso, a lo que sentía como mi vocación.

Hoy puedo volver la mirada a aquella etapa, que reconozco como el inicio –todavía faltaba mucho por hacer, aunque entonces, por fortuna, no fuera consciente de ello– de lo que considero un re-nacimiento, sobre las bases del acercamiento a mí mismo, a la verdad de mi presente y de mi pasado. La puesta en verdad ante otros –empezando por los psicólogos que me acompañaron–, la autoaceptación, la autoacogida, el aprendizaje del amor a mí mismo, junto con la participación en cursos de crecimiento personal y la perseverancia en el trabajo psicoterapéutico, propiciaron un proceso de reconstrucción interior.

Fue ahí también donde se me hizo patente una condición básica e imprescindible para el trabajo con el niño interior, que a veces se olvida: la consistencia psicológica del adulto. Dicho trabajo consiste en un encuentro con dos actores: el niño y el adulto. El primero se encuentra en una situación que no ha elegido y, de entrada, no puede ser exigido en ningún sentido. Es el adulto quien ha de ser capaz de acogerlo, comprenderlo, sostenerlo, acompañarlo, mostrándole amor, paciencia y confianza. Ahora bien, si el propio adulto está más o menos "roto", jamás podrá ofrecerle aquello de lo que él mismo carece. Lo que se daría, en tal caso, no pasaría de ser un encuentro entre dos niños, con los mismos miedos y necesidades pendientes en cada uno de ellos. Para que el trabajo con el niño interior sea eficaz se requiere que el adulto tenga una consistencia psicológica tal que le permita acoger al niño cualquiera que sea su problemática.

Algo de esto observamos en la vida cotidiana: ¿qué sucede cuando una persona adulta con carencias psicológicas más o menos graves se encuentra con niños que lo frustran o no responden a sus expectativas y exigencias? La observación nos muestra que, con facilidad, se activa el niño interior del adulto y asistimos a una pelea infantil (como se aprecia con no poca frecuencia en las discusiones que se dan entre algunos niños y sus papás).

Lo que apreciamos con todo ello es que, al querer trabajar con nuestro niño interior, nos vemos remitidos –no podía ser de otro modo– a un trabajo serio con el adulto que somos hoy. Pero esa no es la única dificultad. Si el adulto se ve bloqueado por lo que todavía no está hecho en él, por parte del niño es frecuente que aparezcan resistencias más o menos fuertes frente a ese proyectado encuentro.

Decía más arriba que un niño que sufrió una frustración reiterada en sus necesidades básicas, forzosamente se vio obligado a protegerse, aislándose, endureciéndose, encerrándose en sí mismo... Y sabemos que una tal trinchera no se abandona con facilidad, porque persiste grabado el temor de que pueda volver a repetirse la frustración padecida.

En concreto, eso significa que, al querer acercarnos a nuestro niño interior, aun con la mejor actitud, experimentamos que no se nos acerca ni, mucho menos, se nos entrega. Estamos disponibles como adultos, pero él no lo está todavía. Aunque aún no lo sepa ni se lo diga a sí mismo, se muere de ganas por encontrarse y entregarse, pero los miedos grabados neuronalmente son por el momento más fuertes.

En este punto se necesita mucha paciencia, a la vez que se sigue sosteniendo la presencia de calidad y la fe en el niño que todavía prefiere mantenerse oculto, rumiando su tristeza o su enfado. Antes o después, la perseverancia dará fruto y un día, asombrados, admirados y gozosos, notaremos que nuestro niño interior nos mira, nos sonríe, se entrega... Tal momento marca un punto de inflexión, no solo en ese trabajo psicológico, sino en nuestra reconstrucción interna o unificación personal: nos ha empezado a mostrar su rostro el niño original y empezaremos a recoger los frutos del trabajo vivido, frutos que, como veremos en su momento, son regalos que nos aporta precisamente nuestro niño original.

Tras enmarcar el trabajo, me centro ahora en lo que es propiamente la práctica. Y sugiero empezar por una primera aproximación que busca descubrir al propio niño interior a través de nuestras necesidades y miedos más repetitivos, tal vez con la ayuda de un esquema similar a este:

1.1. Abriéndome a mi verdad, en todo lo que es posible, me pregunto:

√ ¿cuáles son mis miedos más importantes?

√ ¿qué es lo que más necesito para sentirme bien?

Mis miedos...	Mis necesidades...

Es importante, en este punto, abrirnos a la verdad de lo que necesitamos y de lo que nos provoca miedo, por más que nos parezca infantil. Porque eso es precisamente lo que ocurrirá. Al ir nombrando nuestros miedos más repetitivos y nuestras necesidades más acuciantes, percibiremos al niño que fuimos y las vivencias que lo frustraron o asustaron. Es, por tanto, comprensible que tanto los miedos como las necesidades nos parezcan "infantiles". Hemos empezado con acierto.

Pongo algunos ejemplos de miedos y de necesidades, sabiendo que son las dos caras de la misma realidad, de modo que a cada miedo corresponde una necesidad. No importa, por tanto, el modo como los nombremos; basta que los expresamos tal como nos surjan, con la mayor fidelidad posible. Al hacerlo así, no será difícil que nos remitan de manera directa a las vivencias infantiles.

Entre los miedos más comunes, suelen aparecer los siguientes: a que no me quieran, a no dar la talla, a fallar a la gente, a no tener a nadie, a fracasar, a quedarme solo, a que me dejen, a que me juzguen, a que me critiquen, a que me descalifiquen, a que se rían de mí, a que me desprecien...

Como decía, todos esos miedos son expresión de necesidades: de ser querido y aceptado como soy, de ser respetado, valorado, acogido y reconocido. Necesidades que pueden atribuirse también a una persona adulta. Sabremos que son del niño por la "carga", el peso y el apremio con que se sientan, por la repetitividad con que se presenten, así como por la dificultad para saber gestionarlas. La persona adulta puede ver frustradas esas necesidades y sentir los miedos correspondientes. Sin embargo, será capaz de no reducirse a ellos y, de ese modo, podrá gestionarlos sin sentirse gravemente afectada. Cuando nacen de nuestro niño herido, sucede lo contrario: se experimenta impotencia y hundimiento a partes iguales, que se corresponden con las sensaciones vividas en la infancia.

En cualquier caso, la práctica y la aproximación creciente a nuestro mundo interior nos irá haciendo diestros en el arte de leer todo lo que se mueve en él, al mismo tiempo que nos vamos reencontrando con nuestra vivencia infantil y las secuelas que ha dejado impresas en nuestro psiquismo.

Vamos con un segundo trabajo. El niño herido suele moverse entre la tristeza y el enfado, la pena y la rabia. Ambas son reacciones estrechamente ligadas a la frustración de necesidades importantes. Por tanto, un acceso paralelo al anterior puede ser el que nos abre el reconocimiento de tales sentimientos en nosotros. Quizás pueda utilizarse este esquema:

1.2. Abriéndome a mi verdad, en todo lo que es posible, me pregunto:

√ ¿qué es lo que me produce más tristeza?

√ ¿qué es lo que me provoca más enfado?

¿Qué me provoca tristeza?	¿Qué me provoca enfado?

Situado ante el papel en blanco, puedo dejarme escribir todo aquello que surja espontáneamente –sin pensarlo demasiado– de la sensación que evoquen esas preguntas.

¿Qué es lo que me provoca una tristeza más densa, de manera más frecuente? Cuando me descubro triste, ¿qué ha ocurrido?, ¿qué es lo que ha desencadenado esa tristeza? Puede ser que algo no ha salido como esperaba, que ha aparecido una frustración, que alguien me ha criticado, que me han dejado solo, que no han contado conmigo, que no han valorado lo que he hecho, que me han comparado con otros...

Y de manera similar, me pregunto por lo que me provoca enfado o rabia. Es probable que tenga que ver con cualquier tipo de frustración de alguna de mis necesidades más importantes, aquellas que guardan conexión directa con el sufrimiento de la infancia. De modo que es probable que aparezcan enfados y agresividad pendientes con respecto a las figuras paterna o materna, o a los hermanos, siempre que nos sentimos frustrados por ellos. En este punto, es importante que podamos decirnos todo lo que surja, para posteriormente poder acoger al niño enfadado o enrabietado. Solo el reconocimiento de la verdad de lo vivido hará posible elaborarlo y liberarnos de ello.

Antes o después, dado que en ambos casos aparecerá el mismo material psíquico, el trabajo con el niño interior habrá de conducirnos a trabajar con la propia sombra. Aun sin ser consciente de ello, el niño herido debió reprimir, enviando al inconsciente, aquellos rasgos que fueron fuente de sufrimiento para él, en la misma medida en que se vio forzado a construir una imagen de sí con la que pretendía, finalmente, lograr el reconocimiento que se le negaba. Eso significa que, al abordar hoy este trabajo, en la medida en que vamos reconociendo y rescatando a nuestro niño interior, estaremos también aceptando y abrazando la propia sombra que, mientras fue negada, constituyó una fuente de sufrimiento, de fractura interior y dificultad para vivir relaciones constructivas.

Por ese motivo, desearía proponer un trabajo que tenga en cuenta ambos elementos –el niño y la sombra–, favoreciendo un proceso de sanación e integración. ¿Cómo hacerlo?

La sombra es una parte de ti mismo, de la que te avergüenzas (o avergonzaste). Tienes que empezar por visualizarla. Es la parte de ti que desearías que no existiera, pero existe y no puedes deshacerte de ella. Dicho de otro modo: la sombra esconde a un niño herido que llegó a sentirse avergonzado de sí mismo. Se trata ahora, por tanto, de superar aquel sentimiento, desde la aceptación de toda nuestra verdad.

Visualiza un momento de tu vida en que te hayas sentido inferior, humillado o rechazado. En mi experiencia personal, al inicio de la adolescencia –coincidiendo con una dolorosa vivencia de lo que hoy denominamos *bullying*–, me veo a mí mismo tímido, sufro y me avergüenzo por ello, porque considero que mi timidez me hace vivir apartado de los otros, que me ven como no aceptable y no querible. El sufrimiento que esto implica solo lo sabe quien lo ha padecido.

Una vez "personalizado" el rasgo que has elegido –por ejemplo, el yo tímido, o miedoso, asustado, avergonzado, criticado, menospreciado, aislado, enfadado...–, habla con él, pregúntale cómo se ha sentido, qué siente hacia ti... Si escuchas su respuesta, es probable que te diga algo así: "Has negado mi existencia, te has avergonzado de mí...". A partir de ahí, puedes preguntarle cómo se siente –tanto la sombra como el niño interior necesitan tu atención– y qué puedes hacer, para compensar lo que no has hecho durante tanto tiempo. Tal vez te pida que compartas tu vida con él y lo celebres. Así que, a partir de ahí, puedes empezar por decirle: "Está bien que existas..., eres una parte hermosa de mí". Este es el camino de nuestra integración y unificación, el modo de llegar a estar a gusto con el propio yo, con *todo* el yo, sin negar ni despreciar nada de nosotros.

Lo que realmente importa es el *proceso* mismo de relacionarte constantemente con la sombra o con tu niño interior. Eso es lo que cuenta: mantener un diálogo consciente y amoroso con aquellas partes de ti que, por lo menos, habías olvidado, cuando no despreciado. Seguramente, ya tienes experiencia de que, cuando no les prestas atención –cuando no cuidas esa relación–, aparecen comportamientos más o menos destructivos. Por el contrario, estar en sintonía, en relación consciente, con la sombra y con el niño interior, aporta un sentido de plenitud. Ahí es cuando es posible decir: "Estoy completo tal y como soy". Esa es una experiencia profundamente liberadora. Propongo el siguiente trabajo práctico.

1.3. Para abrazar la propia sombra y rescatar al niño herido o a la niña herida:

1. Visualiza un momento de tu vida en que te hayas sentido inferior, humillado o rechazado. Ej.: Veo un yo... tímido, o miedoso, asustado, avergonzado, criticado, menospreciado, aislado, enfadado...
2. Pregúntale cómo se ha sentido, como se siente... y escucha su respuesta.
3. Acógelo y abrázalo: "Está bien que existas..., eres una parte hermosa de mí".

Miedos, necesidades, tristeza y enfado constituyen puertas de entrada para acercarnos a nuestro niño interior. Todavía podemos dar un paso más, centrándonos ahora en una imagen de aquel mismo niño. Para ello, se requiere contar con una fotografía en la que el niño (o el adolescente) que fuimos aparezca triste o enfadado.

1.4. Nos dejamos contemplar la fotografía y, abiertos a descubrir toda la verdad que nos sea posible, nos preguntamos qué sentimientos percibimos en él o en ella.

Al mirar la fotografía de ese niño, de esa niña, ¿qué sentimientos descubro en él o en ella?

A partir de aquí, podemos desarrollar la práctica completa, teniendo siempre delante la *fotografía en la que aparece el niño o la niña enfadado/a o triste*, tal como la propongo en el Anexo[1].

1. Pág. 117.

Me parece importante perseverar en esta última práctica propuesta –cada cual irá viendo la frecuencia adecuada en su caso–, ya que una relación solo crece en la medida en que se la cuida. Y el encuentro vivo con otra persona requiere tiempo, cuidado, dedicación y entrega.

Ahora bien, solo la práctica formal –en el tiempo que le podamos dedicar– no será del todo efectiva. Como se precisa en cualquier relación importante, será necesario mantener el contacto con nuestro niño o niña interior a lo largo de la jornada. Eso significa tenerlo presente, frecuentarlo, dialogar con él sobre cualquier asunto que acometamos, sostenerlo, familiarizarnos con él, visualizarlo con frecuencia, ser una presencia de calidad para él... De ese modo, la relación podrá fraguarse y crecerá en calidad y en solidez.

Pero todavía hay más: en la medida en que avanza el acercamiento y la familiaridad con nuestro niño herido, se nos empieza a regalar una clave práctica decisiva, no solo para comprender más adecuadamente nuestras vivencias dolorosas, sino para gestionarlas de manera acertada. Gracias a ella, podremos entendernos a nosotros mismos, así como comprender a los demás incluso en sus reacciones más desajustadas.

En primer lugar, en cualquier experiencia en que se hace patente, de manera desproporcionada y repetitiva, nuestra vulnerabilidad, en forma de dolor, miedo, soledad..., aprendemos a descubrir a nuestro niño interior como sujeto directo de la misma. Así, en todo lo que percibo en mí con un rasgo de desproporción y repetitividad, acierto a ver a mi niño herido: asustado, enfadado, airado, triste, preocupado, angustiado...

Al comprenderlo, mi mirada se hace más ajustada, más certera, lo cual me permite desdramatizar la situación de manera eficaz, en lugar de incrementar el drama y prolongar el malestar, con todo lo que conlleva de confusión y sufrimiento. Desdramatizar significa distinguir el presente del pasado. Gracias a ello, crecemos en libertad interior y evitamos, en la medida de lo posible, que nuestro momento actual se vea invadido y contaminado por experiencias dolorosas padecidas en la infancia.

En concreto, al aparecer un sentimiento doloroso, que se me repite ante determinados estímulos y que detecto como desproporcionado, puedo decirme: la intensidad de esto que estoy sintiendo se explica porque se ha activado un sufrimiento de mi pasado. Es mi niño interior quien ahora mismo está sintiendo miedo, soledad, tristeza, pena, rabia... Hoy puedo acogerlo con ello, y tal vez sea bueno dedicarle un tiempo. Pero hoy no soy (solo) aquel niño desvalido, incapaz de apoyarse en sí mismo. Hoy puedo hacer pie en mí, acogerme y verme de una manera adulta. Este trabajo de desdramatización es fundamental de cara a favorecer el crecimiento personal.

En segundo lugar, tras acoger al niño herido con la situación que le afecta, voy siendo capaz de reeducar actitudes y comportamientos –ante mí mismo, ante los otros, ante la vida...– que anteriormente solían dominarme. Ello es posible porque, al percibir al niño herido detrás de todo aquello que en el presente me genera sufrimiento, de manera más o menos exagerada y repetitiva, me resulta posible tomar distancia del sufrimiento, dejar de identificarme con él –de apropiármelo–, poniendo las cosas en su lugar: lo que me hace sufrir de esa manera no es lo que sucede hoy, sino alguna herida o carencia padecida en la infancia que ahora se ha activado. Si he ido creciendo en el encuentro con mi niño interior, ¿cómo no aproximarme ahora a él y acogerlo en el dolor, el miedo, la angustia, que se le ha despertado? Y puedo hacerlo desde el adulto que ya no toma el sufrimiento como algo "personal". La nueva lectura hará posible que, ante situaciones que son fuente de dolor para el niño, modifique lo que pudo haber sido en el pasado mi reacción habitual –del mismo color que la agresión recibida–, reeducando así mi comportamiento y favoreciendo respuestas más adultas, menos reactivas, más libres de carga emocional y más constructivas.

En concreto, ante la emergencia de ese tipo de sentimientos, puedo decirme: percibo sufrimientos de mi niño herido y percibo, a la vez, que tiende a reaccionar –no puede hacerlo de otro modo– de manera infantil: atacando, agraviando, acusando... Al situarme en el adulto que soy, no solo puedo acoger al niño con todo lo que se ha despertado en él, no solo puedo desdramatizar la vivencia, sino que puedo elaborar una respuesta adulta, que no esté impregnada de reactividad. Podré responder con toda la firmeza que la situación requiera, pero lo haré, hasta donde me sea posible, desde la madurez de la persona que es capaz de comprender, no solo al propio niño interior, sino a la persona que me ha frustrado y a su propio niño igualmente herido. Como adulto, sabré que cada persona hace en cada momento lo mejor que sabe y puede, de acuerdo con su propio mundo representacional. Lo cual no significa, obviamente, justificar cualquier acción. Pero la comprensión de lo que la persona vive permitirá una respuesta adecuada, que no nace de la propia herida ni del propio sufrimiento, sino de lo mejor de mí.

El trabajo con el niño herido me hace ver que, detrás de los sentimientos de miedo, soledad enfado, rigidez, juicio, intolerancia a la frustración..., se encuentra un niño asustado, solo, airado, rígido, juzgador y que no tolera ser frustrado por nada ni por nadie. Es decir, detrás de cada sentimiento y reacción "negativos", si son repetitivos, hay un niño que está sufriendo. Con frecuencia, tales sentimientos y reacciones son mecanismos de defensa, en los que el niño se refugió o con los que intenta todavía hoy protegerse. Mientras que, detrás de un sentimiento "positivo" y de una acción constructiva, vive el niño original, mostrándose gratuitamente en su vitalidad y su belleza. Al "personalizar" los sentimientos y reacciones –sean del color que sean– en el niño que habita en nosotros, nos situamos más fácilmente en la verdad de lo ocurrido. Y, a partir de ahí, podremos dialogar con el niño interior, desde la aceptación, la acogida, la comprensión amorosa y el dinamismo de ser y de vivir lo que somos. Poco a poco, asistiremos a la sanación de nuestro niño herido, hasta donde nos sea posible, al mismo tiempo que irá emergiendo nuestro niño original.

3

Una vida que celebrar: liberar al niño original

Con mucha frecuencia, el niño original no aparece a primera vista. Ha quedado oculto y en muchos casos olvidado tras el niño herido que tiende a ocupar toda la escena, asumiendo el protagonismo, con las demandas que nacen de sus miedos y necesidades.

Así se explica que, al ir en busca de nuestra originalidad psicológica, hayamos de vivir previamente el encuentro con el niño herido que, más tarde sí, una vez acogido, franqueará el acceso al niño original. Lo cual significa que el regreso a casa, la vuelta a nuestro centro no puede hacerse sino acogiendo y atravesando la propia vulnerabilidad. Si el sufrimiento infantil nos hizo huir del centro y, en el mismo movimiento, intentar escapar de la zona vulnerable, la unificación personal solo será posible abrazando todo aquello que, en su momento, pretendimos evitar. De ese modo, al rescatar al niño herido, queda liberado el niño original: empezamos a conocer, saborear, celebrar y vivir nuestra originalidad psicológica.

Al encuentro de nuestro niño original

El sufrimiento temprano, sobre todo cuando es intenso, continuado y padecido en soledad, desfigura nuestro rostro original, hasta el punto de que llegamos a olvidarlo. Nos perdimos así en un laberinto de oscuridad, tratando a tientas de sortear obstáculos para sobrevivir en busca de una salida que nos condujera a la paz añorada.

Sin embargo, aunque olvidada, desconocida, ignorada e incluso negada, nuestra originalidad psicológica está siempre ahí, más allá de cualquier adversidad. Ha podido quedar aplastada, pero nunca dañada. No requiere, por tanto, ser reconstruida, sino sencillamente reconocida. Podría decirse que nos está esperando en todo momento, para regalarnos la verdad de nuestra persona.

Ha quedado dicho que el niño original es el lugar de nuestra vitalidad, espontaneidad, inocencia y creatividad. Lo cual significa que el crecimiento personal pasa por reencontrarlo, liberarlo y vivirlo.

Más allá de las peripecias y accidentes que hayan podido ocurrir en el camino, nuestro fondo psicológico es armonioso, coherente, ajustado y orientado hacia la verdad, el bien y la belleza. Conectar con él es el camino que posibilita la unificación personal y el despliegue de la riqueza que contiene.

Me atrevería a decir que los rasgos básicos de ese niño original se hallan presentes en todas las personas, si bien en cada una de ellas, con un perfil propio y único, que hace posible la originalidad propia de cada cual: todo un prodigio de ajuste.

Pues bien, si nuestro crecimiento psicológico pasa por liberar al niño original en nosotros, el primer paso ha de ser encontrarlo y conocerlo. Y a ese objetivo se encamina la práctica que propondré a continuación.

Invito a comenzar por una pregunta elemental: *¿cómo era (es) el niño o la niña que fui?* Y tal como hice en el capítulo anterior, deseo compartir mi propia experiencia.

Cuando al iniciar el trabajo psicoterapéutico quise volver a mi infancia, descubrí sorprendido que se habían esfumado casi todos los recuerdos. Quedaba una nebulosa en la que destacaba algún momento puntual, casi siempre cargado de miedo o de pesadumbre.

Suele decirse que la memoria no retiene los episodios dolorosos de la infancia que, de manera automática, son relegados al inconsciente. Tal "olvido" puede verse como un mecanismo de defensa más, que parece aportar, de entrada, un cierto alivio. No es extraño, por tanto, que quien ha vivido una niñez difícil carezca de recuerdos acerca de la misma. Más aún, con frecuencia, en esas circunstancias hace acto de presencia otro mecanismo de tipo compensatorio, que consiste en generar la imagen idealizada de una infancia feliz que, en realidad, no solo no refleja lo sucedido, sino que muestra o crea un escenario completamente opuesto a lo que ocurrió en realidad. Los psicólogos saben que la afirmación de quien proclama haber tenido una infancia muy feliz, con frecuencia esconde una realidad bien diferente.

Personalmente, no me gusta caer en generalizaciones y prefiero estar abierto a contemplar cada caso como único, ya que son numerosos los factores que pueden intervenir e influir en el proceso de la memoria.

Por lo que a mí respecta, como acabo de decir, apenas tenía recuerdos infantiles que, sin embargo, empezaron a aparecer gracias a un trabajo prolongado de psicoanálisis, en el que sentí que me era devuelta la primera etapa de mi psicobiografía.

Así pues, el trabajo psicoanalítico constituyó, sin saberlo en aquel momento, el primer paso del itinerario hacia mi niño interior. Porque, a medida que el adulto se iba reconstruyendo, emergía la necesidad de vivir aquel encuentro que, al empezar, se centró en el niño herido, por los motivos que he expuesto anteriormente.

Todo ello me llevó tiempo, con altibajos, vaivenes y retrocesos que, sin embargo, iban preparando el terreno a otros pasos sucesivos. Pude comprobar que el psiquismo se halla dotado de una sabiduría interna –sin duda, la misma sabiduría o inteligencia que rige el proceso de la vida– y que, en la medida en que cooperamos con ella, desde una motivación clara y una determinación firme, termina propiciando un camino dotado de coherencia y orientado hacia la unificación. He de decir que todo esto se va viendo posteriormente, cuando se da una distancia suficiente que permite ver la trayectoria. En el trayecto, se experimentan momentos de oscuridad e incluso desconcierto, que pueden poner en riesgo el camino emprendido. Ahí es donde la motivación precisa, la determinación profunda, el gusto por la verdad y el acompañamiento profesional juegan un papel decisivo para avanzar hacia la meta.

Pues bien, en un momento del proceso psicoterapéutico, noté que se producía un cambio significativo en mi relación con el niño herido. La distancia anterior –marcada por miedos, culpabilidad y fuertes autorreproches– fue atenuándose, hasta el punto de sentir que podía vivir una actitud nueva, comprensiva y acogedora hacia mi niño interior, y que él mismo era capaz de volver a confiar.

De una manera tan sorprendente como bella y esperanzadora, el niño herido empezaba a mostrarme su rostro original. Se trataba, efectivamente, del mismo niño que, liberado del peso que lo aplastaba, se manifestaba en su originalidad. Y ahí fue cuando se me hizo expresa la pregunta: ¿cómo era (es) este niño original?

También aquí resultó ser de gran ayuda una fotografía, que tenía completamente olvidada, en la que, con siete años, aparezco con tres primos y tres de mis hermanos, sentado y sosteniendo en brazos al que hacía el número cuatro de ellos, un bebé de apenas tres días.

Apenas vi esa fotografía –y gracias, sin duda, a todo el trabajo anterior–, me sentí profundamente reconocido en aquel niño de siete años: era la primera vez que me hacía consciente de mi rostro original, hasta el punto de sorprenderme a mí mismo diciendo algo impensable pocos años antes: “Ese soy yo, y me gusta como soy”.

En ese niño percibí –y sigo percibiendo cada vez que vuelvo a esa imagen, incluso aunque sea solo a través del recuerdo– serenidad, descanso, gusto, alegría, vitalidad, sencillez, cuidado, simpatía, cercanía, inocencia... Vi ahí un niño feliz con el que me identificaba por completo, no a través de un razonamiento, sino de una manera visceral. No tengo otra fotografía de mi infancia en la que aparezca sonriente, pero esa me bastó para ver impreso mi rostro original.

Basta situarme ante esa imagen para experimentar el efecto que produce en mí: al ver su alegría se despierta mi alegría, dibujándose en mi rostro una sonrisa espontánea; su serenidad me calma; su simpatía me reconcilia conmigo; su vitalidad me anima a vivir; su inocencia me trae a casa...

A partir de ese "encuentro" inicial con el niño original, me parece de capital importancia tenerlo en cuenta en nuestra vida cotidiana, hablando con él, caminando con él, trabajando con él... Al mostrar nuestro rostro original, nos permitirá "nacer de nuevo". En ese encuentro sostenido, experimentaremos que el niño original posee el poder de reconstruirnos. Y en ese mismo proceso compartido, se irá abriendo paso la unificación personal, al ir viviendo, de manera experiencial, que aquel niño original y el adulto de hoy se "funden" en uno solo. Aquí se inicia la transformación liberadora.

Volvamos ahora a la propuesta de trabajo. Para iniciar el camino hacia el niño original, puede ayudar el hecho de situarnos ante una fotografía de nuestra infancia (o adolescencia) en la que aparezcamos contentos o sonrientes. Así como la tristeza y el enfado delatan al niño herido, la sonrisa, cuando es genuina y no forzada, transparenta al niño original.

A partir, pues, de esa fotografía, podemos hacer un trabajo en cuatro tiempos:

2.1. ¿Qué veo en ese niño o esa niña?

Al mirar la fotografía de ese niño, de esa niña, ¿qué rasgos veo de él o de ella?	Al hacerme consciente de esos rasgos, ¿qué siento?, ¿qué sentimientos se despiertan en mí?

Todo rostro nos da información sobre la persona. Uno sonriente nos muestra rasgos "positivos" de quien se siente relajado, sereno y alegre. Si ese rostro es el del niño que fuimos, parece claro que la mera contemplación del mismo empiece a regalarnos información que podíamos haber olvidado por completo.

Por tanto, al observar la imagen sonriente del niño que fuimos, nos posicionamos para recibir información interesante acerca de nuestro pasado, a la vez que estamos favoreciendo una aproximación a aquel niño en positivo.

Pero hay más. Los rasgos característicos del niño no perecen con el paso del tiempo, siguen estando ahí. Con lo cual, el camino emprendido nos está ayudando a reconocer y nombrar los rasgos positivos de nuestra persona en este mismo momento. Siendo conscientes de ello, tal vez se nos haga patente la importancia de detenernos a contemplar el rostro alegre, contento o sonriente que aparece en la fotografía de nuestra infancia, observarlo detenidamente y hacer un doble trabajo: por un lado, poner por escrito los rasgos que vamos percibiendo en él; por otro, detectar qué sentimientos se producen en nosotros, hoy adultos, mientras estamos haciendo esa tarea. Con seguridad, quedaremos sorprendidos.

2.2. ¿Conservo recuerdos felices de mi infancia? ¿Cuáles?

Anoto recuerdos felices de mi infancia o adolescencia...	¿Cómo me sentía en esos momentos?, ¿cómo era entonces?

Cualquier recuerdo feliz de la infancia supone una apertura, más allá de la parte dolorosa, por la que es posible atisbar rasgos del niño original.

Puede ocurrir que, al haber tomado más relieve las experiencias dolorosas, hayamos relegado los recuerdos felices, sin apenas valorarlos. Sin embargo, vale la pena rescatarlos, por aislados, fugaces o triviales que nos parezcan. Al poner la atención en ellos, es probable que nos desvelen información sobre nosotros mismos, en este registro "positivo". Ello requiere detenernos en cualquier recuerdo que pueda surgir, a la vez que nos vamos haciendo conscientes de los sentimientos que vivíamos en esos momentos.

2.3. Lo que admiro de las personas...

Personas a las que admiro	Lo que admiro de cada una de ellas

Aquello que admiramos profundamente en los demás está también en nosotros. Por eso, cuando nos es difícil apreciar rasgos positivos en uno mismo, tomar este camino puede resultar facilitador.

Te sugiero que dediques tiempo a este trabajo, para ir anotando nombres de personas a las que admiras –pueden estar vivas o haber fallecido; las has podido conocer personalmente, o solo a través de lecturas o de películas– y rasgos que te atraen de manera especial.

Mientras vas escribiendo todo ello, dirige de vez en cuando una mirada a tu interior y observa qué sentimientos se mueven en ti. Y al terminar, pregúntate por qué te atraen tanto esos rasgos y ábrete a reconocerlos en ti.

2.4. Práctica para el encuentro con el niño o la niña original

A partir de aquí, podemos desarrollar la práctica completa, teniendo siempre delante la fotografía en la que aparece el niño o la niña contento/a, alegre o sonriente, tal como la propongo en el Anexo[1].

1. Pág. 117.

Alegría de ser, alegría de vivir

Así como un rostro habitualmente triste o enfadado remite al niño herido –lo cual no niega la legitimidad de la tristeza ni del enfado, en cuanto sentimientos adecuados en determinadas circunstancias–, una cara sonriente es una ventana que muestra al niño original.

"La alegría –afirmaba el filósofo Henri Bergson– es la señal inequívoca de que la vida triunfa". Me gusta utilizar la metáfora de la planta y de la flor para referirme a la vida y la alegría de vivir. De la misma manera que una planta bien cuidada –en buena tierra, con agua, luz y nutrientes adecuados– y sin tener encima ninguna piedra que la aplaste, dará flor de manera espontánea, dentro de su despliegue natural, cuando la vida se desarrolla en un entorno favorable y no encuentra obstáculos ni bloqueos, florecerá en alegría. La alegría de vivir es una con la vida. Si no es así, hay algo que la está obstaculizando o incluso bloqueando. Se trata de las heridas y carencias que, cuando son reiteradas, aplastan la vida y ahogan la alegría.

Vivir no es, prioritariamente, una cuestión de hacer, sino de ser. Aprender a vivir es aprender a ser. Y, al ser, experimentamos alegría. Lo cual nos indica que, cuando no experimentamos alegría, nos hallamos lejos de ser. La ausencia de alegría denota que la vida no fluye y que, en consecuencia, nos hallamos perdidos en el laberinto de la mente pensante, en una rumiación que no cesa.

Si el niño original es alegría, la tristeza habitual denota que nos hemos alejado de él y, por tanto, solo reencontrándolo volveremos a recuperarla.

En cuanto sentimiento, la alegría es polar e inestable –su otro polo es la tristeza–. Sin embargo, en la medida en que va ocupando más espacio el niño original, va apareciendo en nosotros una alegría serena y más estable, porque se asienta en un psiquismo más integrado y armonioso.

Mientras no se resuelve el sufrimiento pendiente del niño herido, la alegría se verá constantemente amenazada, en cuanto se halla sobre un volcán que está a punto de estallar ante el menor estímulo. El niño herido, como consecuencia de su historia dolorosa, se caracteriza por la vulnerabilidad, la fragilidad y la hipersensibilidad. Todo le afecta con intensidad, en particular aquello que toca alguna zona especialmente herida. No es extraño que, en tanto no pueda ir sanando, viva en un vaivén constante a merced de las circunstancias que le toque vivir.

En la medida en que se avanza en la sanación del niño herido y se va liberando el niño original, la sensibilidad se apacigua, al tiempo que va creciendo un sentimiento profundo de consistencia y autonomía psicológica, que actúa como factor estabilizador ante aquello que nos afecta. Justamente, el niño original es el lugar de la alegría porque lo es también de la autorrealización psicológica.

Con todo, la alegría es una flor delicada que requiere cuidado continuo. Con más razón porque, aun habiéndolo trabajado, el sufrimiento antiguo –el niño herido– ha podido dejar en nosotros un material psíquico capaz de activarse en cualquier momento. Para entender lo que quiero decir, cabe pensar en lo que ocurre en el estrés postraumático. En el momento presente no hay ninguna amenaza. Sin embargo, puede quedar material psíquico que, aun elaborado, guarda memoria de lo vivido, haciendo que la persona viva en estado de alerta o se altere como si el peligro siguiera siendo real en este mismo instante. Hoy sabemos mejor lo que sucede en el estrés postraumático y conocemos el poder que posee ese material, capaz de provocar un cortocircuito cerebral, bloqueando momentáneamente la capacidad de razonar con lucidez.

Todo ello alerta de la necesidad de cuidar la alegría, de la misma manera que habremos de cuidar nuestra armonía psicológica. En mi experiencia, tal cuidado requiere atender algunas actitudes que, como pilares básicos, sostienen nuestro psiquismo: el autoconocimiento, el amor a sí mismo, la observación –y toma de distancia– de la mente pensante, la aceptación profunda, la gratitud incondicional, la conexión consciente con nuestra verdadera identidad y la opción lúcida por vivir en la alegría. Me detendré brevemente en cada una de ellas.

El *autoconocimiento* pone luz en nuestra realidad psicológica, haciéndonos conscientes de nuestras fortalezas y nuestras debilidades y, en la cuestión que nos ocupa, nos permite poner nombre a los obstáculos que pueden bloquear o dificultar la alegría en nosotros. A mayor conocimiento de nuestro mundo interior, mayor poder y efectividad para gestionarlo del modo más adecuado.

El *amor a sí mismo* es la fuerza más poderosa para crecer en unificación, integración y armonía. No olvidemos que el niño fue herido precisamente por la carencia de amor y que la recuperación del niño original se produce gracias al amor ofrecido en una actitud de presencia incondicional. Frente a dos extremos, igualmente tramposos y nocivos –el narcisismo infantilizante, por un lado, y el autorreproche devastador, por otro–, el amor a sí mismo acoge, comprende aunque no justifique, sostiene, alienta, consuela, libera, unifica, moviliza... Frente a la situación de la infancia, en la que el niño necesita inexorablemente del amor de los otros para poder vivir, el adulto necesita el amor de sí mismo, de modo que pueda darse aquello que acostumbraba a demandar o incluso mendigar de los demás.

Probablemente, todos tengamos experiencia de que, en no pocas ocasiones, la mente pensante se ha convertido en nuestra peor enemiga, introduciéndonos en mecanismos más o menos obsesivos de rumiación, hasta llegar a ofuscarnos por completo. De ahí la importancia de cuidar esta tercera actitud, para *vivir la mente como herramienta* a nuestro servicio (mente funcional), sin permitir que se transforme en la dueña que pretenda gobernarnos de manera tiránica (mente pensante). Cuando va por libre, la mente pensante se convierte en una fábrica de preocupaciones y termina produciendo estragos, encerrándonos en un mundo puramente mental y alejándonos de nosotros mismos. El medio más eficaz para prevenir ese grave riesgo pasa por adquirir destreza en tomar distancia de ella y poder observarla, como un objeto más. Ello implica experimentar que existe en nosotros otro "lugar" –en psicología transpersonal se habla de la Consciencia-Testigo– que es pura observación o atestiguación de la mente y del yo, así como de todos los contenidos mentales y emocionales. Una mente observada no crea problemas ni los magnifica; entra en silencio y se activa cuando tenemos necesidad de ella. Una mente observada y silenciada permite que la vida y la alegría fluyan.

La *aceptación profunda* trae con ella paz y alegría serena. Con demasiada frecuencia, caemos en dos actitudes opuestas a la aceptación, cada una de ellas por un extremo: la resistencia y la resignación. La primera desgasta y genera sufrimiento; la segunda hunde. Frente a ellas, solo la aceptación nos alinea con la verdad, nos sitúa en la consciencia de unidad y nos moviliza de manera ajustada. Al abrazar la realidad tal como es en cada momento, cesa la lucha inútil y somos dinamizados por la propia aceptación. Sin aceptación profunda, no es posible la paz ni la alegría.

De la mano de la aceptación emerge la *gratitud incondicional.* No es una actitud que pueda vivir el ego, que solo agradecerá cuando la realidad responda a sus expectativas y se sublevará airado cuando la realidad lo frustre. La gratitud no nace del ego, sino de la consciencia que somos, al reconocer que, mirado desde el nivel profundo, la vida no puede equivocarse y todo tiene su lugar en su admirable despliegue. La gratitud incondicional nos libera del ego, situándonos en ese otro lugar donde nos reconocemos en unidad con todo lo que es: por eso decía que no brota del ego, sino de la misma totalidad. Y se plasma en una existencia que vive diciendo sí a lo que hay –esta es la aceptación profunda–, sin caer en la resignación ni la inmovilidad. Finalmente –y este es un signo de su verdad–, la gratitud nos regala confianza ilimitada y alegría estable. Con razón afirma el filósofo Alexandre Jollien que "la alegría es la adhesión total a la existencia". Cuando es genuina, tal adhesión deja de ser autorreferencial: no me pregunto si yo estoy bien, ni exijo estarlo, para estar alegre, sino que puedo conectar con la alegría de fondo, aun atravesando circunstancias difíciles.

Ha quedado dicho que la alegría, en cuanto sentimiento, es polar e inestable. Solo podrá vivirse de manera estable cuando podamos reconocerla, no ya como un sentimiento más o menos pasajero, deudor de factores externos e internos, sino como un estado de ser. En cuanto tal, es permanente, como un mar de fondo, y capaz de abrazar tanto los sentimientos alegres como los tristes. Es decir, el sentimiento de alegría seguirá ocupando su lugar en el gran abanico de sentimientos humanos, pero la persona, aun responsabilizándose de él, estará más allá del sentimiento, en un estado de ser caracterizado por la ecuanimidad. Ahora bien, la entrada a ese estado requiere, como condición indispensable, la capacidad de *conectar de manera consciente con nuestra verdadera identidad*. Solo cuando la persona reconoce que su identidad no se circunscribe a su personalidad –porque ha hecho la experiencia de ese otro lugar donde se percibe a sí misma, de manera inmediata y autoevidente, como consciencia–, y permanece en él de manera continuada, podrá vivir en ese estado, que trasciende la mente y el yo. Únicamente entonces es posible decir que nos encontramos en casa, donde la alegría es un rasgo constitutivo.

Toda actitud o comportamiento mantenidos en el tiempo generan una inercia más o menos poderosa que, aun sin darnos cuenta, condiciona gravemente nuestro modo de situarnos en la vida. Según como se haya desarrollado nuestra historia, la tristeza ha podido anidar e instalarse en nosotros. Es sabido que, cuando el sufrimiento se prolonga, la tristeza actúa con frecuencia como una pendiente resbaladiza capaz de sumergir a la persona en un pozo de oscuridad y apatía. Pues bien, frente a esa inercia, me parece fundamental *optar de manera lúcida por la alegría*, apostar por ella con tesón, no desde un voluntarismo tan frustrante como ineficaz, sino desde una lectura adecuada de lo que ha sido nuestra propia historia y desde la comprensión profunda de lo que somos.

El trabajo psicológico nos ha ido conduciendo del niño herido –comprometidos en su rescate– al niño original, en un camino de autoconocimiento, integración, unificación y armonía: la autorrealización personal. Sin embargo, cuando parecía que terminábamos el recorrido, empezamos a atisbar que ese no es el final, porque aparece ante nosotros ese otro lugar, que he mencionado en alguna ocasión, que trasciende la mente y el yo. Por decirlo brevemente: tal como supiera ver Abraham Maslow, la autorrealización desemboca de manera natural en la autotrascendencia.

Más allá del niño original

El yo original, por decirlo metafóricamente, es nuestra casa psicológica, la personalidad básicamente integrada. Pero esa no es toda nuestra verdad ni, por tanto, la meta última del camino. Si prestamos atención a nuestro interior, aun habitando con gusto esa casa, escucharemos el susurro de un anhelo que nos invita a seguir caminando y descubriendo lo que todavía permanece oculto a nuestros ojos. Es un anhelo, dotado de un poderoso dinamismo, que nos moviliza para llegar a comprender lo que somos en profundidad: integrada y trascendida la personalidad, un impulso interior nos empuja a reconocer nuestra identidad, nuestra casa profunda o espiritual.

Todo el recorrido queda sintetizado, como dije anteriormente, en dos palabras: autorrealización y autotrascendencia. Es el cometido especifico de la psicología transpersonal. En la práctica, se trata de implementar un trabajo que integre la dimensión psicológica con la dimensión espiritual, de forma simultánea, paralela y complementaria. Psicología y espiritualidad se revelan así necesitada la una de la otra. No es posible prescindir de ninguna de ellas, si queremos responder al ser humano, de constitución paradójica, en la doble dimensión que lo constituye[2].

Se suele decir que la espiritualidad sin la psicología queda coja y que esta sin aquella permanece ciega. La psicología es la

2. Para toda esta cuestión, remito a lo que he escrito en *Psicología transpersonal para la vida cotidiana. Claves y recursos*, Desclée De Brouwer, Bilbao 2020.

herramienta adecuada para ir construyendo o reconstruyendo nuestro psiquismo. La espiritualidad –o la inteligencia espiritual–, por su parte, nos permite conocernos en profundidad, trascendiendo la persona o el yo. Acertamos en el trabajo personal y favorecemos un resultado pleno cuando tenemos en cuenta esa doble dimensión.

El genuino camino espiritual se caracteriza por la búsqueda apasionada de la verdad, libre de conceptos previos, de creencias, de intereses egoicos y de expectativas de respuestas que pudieran saciar nuestra ansiedad. Solo busca la verdad de lo que es, la verdad de lo que somos.

Sabemos bien que la verdad no vendrá de la mente, incapaz de atraparla, sino de la comprensión. Un comprender que tiene poco que ver con el entender mental o puramente conceptual, fruto de un razonamiento. A diferencia de este, el comprender es un conocimiento directo, inmediato y autoevidente. Se hace presente con tal fuerza que para la persona que lo experimenta equivale a "ver"[3].

Así entendida, puede decirse que la espiritualidad es un camino de comprensión, que nos permite "ver" lo que somos. Todo se ventila en ella. Al comprender, se descorre el velo de la mente y todo se ve de un modo nuevo. La comprensión nos trae a la luz y nos transforma[4].

---

3. Me resulta profundamente significativo el hecho de que la raíz sánscrita "vid" (de donde viene el término también sánscrito *Vedas*, y el verbo latino *video:* yo veo) significa, a la vez, conocer y ver.
4. Sobre la comprensión, remito a lo escrito en *Pérdidas y comprensión. ¿Cómo vivir los duelos?*, Desclée De Brouwer, Bilbao 2023.

En ocasiones, la comprensión se regala de improviso, en lo que se conoce como despertar espontáneo, en una experiencia transpersonal. Pero también es posible avanzar hacia ella, desbrozando el camino de obstáculos mentales, gracias a un trabajo de autoindagación, de experimentación y de silencio de la mente.

Sin una mente silenciada será imposible llegar a la comprensión. Porque la mente impide ver más allá de ella misma, constituyendo así un obstáculo para acceder a la verdad, ya que solo nos permite ver la realidad que ella misma construye o modula, no la realidad en sí.

Por todo ello, parece evidente que la primera pregunta en todo este camino, la que dinamiza todo el trabajo solo puede ser esta: *¿qué soy yo?* Es la primera porque remite a aquello que tenemos siempre a nuestro alcance y es la única que permite una respuesta inmediata, no conceptual.

Esa primera pregunta activa un proceso de autoindagación en busca de la respuesta acertada. En ese proceso, habremos de ir en busca de lo que sea sujeto, en medio de todo un mundo de objetos; de lo que observa frente a todo lo que puede ser observado; de lo que es consciente, frente a todo aquello que es solo un contenido de consciencia.

La mente tiende a identificarnos con nuestro cuerpo, nuestros pensamientos y nuestros sentimientos, para concluir que somos un yo particular y separado, a quien define como consciente, autónomo y libre. Sin embargo, una indagación más cuidadosa nos hace ver que el llamado yo es también un objeto observable. Con lo cual, nace la pregunta decisiva: *¿qué es eso que es consciente del yo?*

Eso únicamente es la consciencia, y solo ella es el único sujeto realmente real. Por tanto, consciencia es lo que somos –consciencia es todo lo que es, más allá de la forma en que aparece–. Ahora sí, la comprensión nos ha conducido a nuestra identidad última.

En la misma línea, el trabajo de autoindagación puede arrancar con esta otra pregunta: *¿qué es lo que no cambia, lo que no muta, lo que permanece estable en medio de todo lo que está cambiando?* Todas las formas se hallan sometidas a la ley de la impermanencia y se caracterizan por la inestabilidad. Llamo formas (objetos, fenómenos, apariencias...) a todo aquello que puede ser observado. Por el contrario, la no-forma es aquello inobservable para la mente, que solo puede operar con objetos.

Todo lo que cambia, aunque goce ciertamente de un relativo estado de realidad, no puede ser *realmente* real. Lo único *realmente* real es aquello que no muta, aquello que permanece. Eso (lo sin-forma, sujeto, noúmeno, realidad...) solo es la consciencia, sin la cual no puede ni siquiera existir la experiencia. Más allá, por tanto, de nuestra forma (persona), en nuestra verdadera identidad somos consciencia (vida). Todos podemos verificar que la consciencia –que nos permite decir "soy"– es lo único que no ha cambiado a lo largo de nuestra existencia, en la que todo –cuerpo, pensamientos, sentimientos, reacciones...– se ha visto sometido al cambio. Y de la misma forma, todos podemos advertir que hay en nosotros, más allá de la mente, "algo" que late, vibra, vive... Eso es lo que somos: consciencia o vida.

El niño original es una forma particular, expresión transparente de la consciencia. A medida que se va liberando de obstáculos y bloqueos y recupera su rostro, se nos hace más fácil ver el fondo que lo sostiene y, en último término, lo constituye. En ese momento se unen autorrealización y autotrascendencia, dimensión psicológica y dimensión espiritual. El niño original se nos muestra, a la vez, como meta del trabajo psicológico y como puerta de entrada a nuestra dimensión espiritual.

Epílogo
El debate en torno a la alegría y la felicidad

Tal como afirmara Henri Bergson, la alegría es señal inequívoca de que la vida florece. De hecho, junto con la vitalidad, la espontaneidad y la inocencia, constituye un rasgo característico del niño original. No solo eso, sino que, visto desde la perspectiva profunda o espiritual, podemos afirmar con razón que, en nuestra verdadera identidad, somos alegría. Ese es el motivo que me ha llevado a elaborar este Epílogo, tratando de aportar luz en un debate, que reaparece con frecuencia, en torno a la alegría y, por extensión, a la felicidad. Empezaré haciendo algunas anotaciones en torno a la alegría en sí misma, para más tarde centrarme propiamente en esa discusión.

Si bien en cuanto sentimiento, la alegría es polar e inestable –la otra cara de la tristeza–, en cuanto estado de ser, es no-dual, capaz por tanto de abrazar todos los sentimientos que puedan aparecer en la superficie. Así entendida, la alegría no es algo que tenemos; es lo que somos.

Lo que sucede es que, en nuestra experiencia cotidiana, vivir no es fácil. Y tampoco lo es sentir la alegría. No solo porque pueden pesarnos las diferentes circunstancias –cuando no están resueltas las necesidades básicas, cuando se arrastran problemas psicológicos pendientes, cuando toma el mando la mente pensante y nos enreda en una rumiación interminable o cuando estamos encerrados en la ignorancia acerca de lo que somos–, sino porque, psicológicamente, pudimos desconectar de ella, a partir de las primeras experiencias vividas en la infancia. Todo ello requerirá de un trabajo psicológico para conocer qué bloquea la alegría que somos y tratar de resolverlo, haciendo así posible que fluya en nuestra existencia. En esa misma dirección apuntaban las actitudes que he mencionado anteriormente en el parágrafo relativo a la "alegría de ser, alegría de vivir".

Pero entremos ya en el debate, prestando atención a diferentes posicionamientos en torno al modo de entender y enfocar la alegría y, más ampliamente, la felicidad.

¿Quién no desearía vivir con alegría?, ¿quién puede negar que anhela ser feliz? Sin embargo, como ocurre con todo lo humano, se precisa lucidez y espíritu crítico para hacernos conscientes de lo que hablamos y del modo como lo abordamos.

En concreto, frente al tema que nos ocupa, creo advertir cuatro posicionamientos bien delimitados, que podrían mencionarse de este modo: dolorismo, hedonismo, defensa de la infelicidad y comprensión no-dual.

Dolorismo

Una cosa es reconocer la inevitabilidad del dolor y otra bien distinta asumirlo como algo valioso por sí mismo. El modo adecuado de tratar el dolor pasa por la combinación simultánea de dos actitudes básicas: la no evitación y la no identificación, o si se quiere, la aceptación radical y la comprensión de que somos siempre más que él. Una lectura ajustada de la realidad del dolor puede, incluso, llegar a reconocer consecuencias positivas de una experiencia dolorosa, siempre que sea bien vivida. Nada de esto podría ser tildado de actitud dolorista.

El dolorismo considera, sea de manera explícita o tácita, que el dolor posee valor en sí mismo, por lo que es visto como algo siempre meritorio. Desde un punto de vista psicológico, tal percepción parece estar vinculada, de un modo u otro, al sentimiento de culpabilidad, que con frecuencia hunde sus raíces en las primeras experiencias infantiles. La culpa exige ser expiada y el dolor se percibe como el medio adecuado para lograrlo.

Ese mecanismo perverso –aun siendo inconsciente– explicaría los vínculos entre la culpa y las autolesiones físicas o los autorreproches mentales que suelen darse, en ocasiones, en niños y adolescentes.

Históricamente, el dolorismo ha prendido con fuerza dentro de algunas tradiciones religiosas, como la judeocristiana. Para empezar, el mito bíblico del pecado original presenta ya el dolor como castigo, con lo que le otorga un carácter redentor o expiatorio.

Cuando, ya dentro propiamente de la tradición cristiana, a partir de Pablo –en una doctrina que se agudizará en Agustín de Hipona (siglo IV-V) y Anselmo de Canterbury (siglo XI)–, se lee la muerte de Jesús en clave de expiación universal –es importante señalar que tal lectura no pertenece al núcleo original del evangelio–, lo que se está haciendo, aun de manera inadvertida, es trasladar el mensaje de que solo el dolor puede limpiar el pecado o la culpa. Al afirmar que la cruz de Jesús libraba a la humanidad del pecado, se estaba transmitiendo la idea de que el dolor poseía, en sí mismo, un valor expiatorio o de reparación. Lo cual, a su vez, generó la imagen de un dios al que parecía agradarle el sufrimiento humano, mientras torcía el gesto ante quien buscaba el placer.

Con semejante trasfondo, alimentado con frecuencia en la predicación y la catequesis, se comprende que la alegría y la felicidad fueran miradas con recelo y sospecha. No es raro que, con tales presupuestos, la religión apareciera marcada con tonos de tristeza, a veces incluso de culpa, miedo y pesadumbre, y dificultara la alegría de vivir.

Hedonismo

Si el dolorismo muestra un vínculo con la culpa, el hedonismo y la trivialización del dolor lo hace con el narcisismo. Nos hallamos ante la actitud de quienes, por una parte, tratan de evitar a toda costa y a cualquier precio el dolor propio, mientras ignoran y se despreocupan por completo del ajeno.

La personalidad narcisista no tolera la frustración ni sabe qué hacer con el dolor. Constantemente va en busca del propio bienestar, que se convierte en el valor más elevado.

La persona hedonista, en su afán por negar los aspectos dolorosos de la existencia, vive alejada de la realidad, en una especie de mundo paralelo del que trata de borrar cualquier cosa que pudiera molestarla. No es raro que se diga de ella que vive en "los mundos de Yupi".

La alegría y felicidad que persigue es un sucedáneo carente de base real, ya que no nace de una vida integrada y armoniosa, sino que se halla coloreada por un infantilismo tan inmaduro como egocentrado.

El hedonismo, antes o después, acabará en frustración. La búsqueda del placer por el placer da lugar a una especie de noria hedonista que asegura e incrementa el sufrimiento, al perseguir una ilusión que no se ajusta a la realidad de las cosas. La búsqueda insaciable de gratificaciones no hará sino aumentar la frustración, porque –como ya advirtiera Freud– lo que puede satisfacerse está llamado a extinguirse en la satisfacción. Dicho de modo más simple: buscar el placer a toda costa y esquivar el dolor inevitable no puede sino producir sufrimiento, por lo que la búsqueda a toda costa del placer –así como la persecución ansiosa de la felicidad– resultará siempre insatisfactoria.

Así como en el dolorismo la alegría quedaba proscrita, en el hedonismo resulta radicalmente deformada, convertida en una quimera narcisista. Pero hay una tercera actitud, cada vez más extendida, que se sitúa en el recelo y la sospecha ante cualquier discurso positivo acerca de la felicidad.

Defensa de la infelicidad

De un tiempo a esta parte parecen haber aumentado las críticas al llamado "pensamiento positivo" y a los conocidos como "libros de autoayuda", a los que se acusa de alentar promesas fáciles y prometer resultados rápidos, a partir de recetas simplonas. Según estos críticos, se están vendiendo ilusiones que, forzosamente, acabarán en frustración.

Es innegable la parte de verdad que contienen tales críticas, por cuanto ni la alegría ni la felicidad pueden ser resultado de una receta simplona. Son, más bien, fruto de una vida integrada y desplegada.

Indudablemente –tal como afirma el psiquiatra Anders Hansen–, cierta "visión moderna de la felicidad es completamente irreal". Y sigue diciendo: como consecuencia del proceso evolutivo, nuestro cerebro no trabaja para hacernos felices, sino para mantenernos vivos, para sobrevivir en un medio peligroso. Por tanto, ya que no estamos preparados para ser siempre felices, será mejor que "dejemos de obsesionarnos por la búsqueda de semejante estado de gracia"[1].

Parece igualmente obvio que en ciertos planteamientos que aparecen en algunos de los llamados libros de autoayuda o incluso en ciertas formas de presentar el también llamado "pensamiento positivo", se hipervalora el poder del pensamiento, desconociendo o ignorando que el papel del mismo es muy limitado. De hecho, la transformación no vendrá por cambiar los

---

1. Y termina con este aviso: "En las redes sociales se nos hace creer que debemos sentirnos bien todo el tiempo y como no es así, nos preguntamos: ¿Qué me pasa? Mi mensaje es: «Estás funcionando normalmente»": Entrevista de Nieves Salinas al psiquiatra Anders Hansen, en *El periódico de España*, 12 de marzo de 2023.
www.epe.es/es/sanidad/20230312/depresion-ansiedad-psiquiatra-anders-hansen-84394725

pensamientos, sino por trascenderlos. Al referirme a la alegría como estado de ser, señalaba que accedemos a él, no a fuerza de pensar, ni tampoco cultivando pensamientos positivos, sino más bien acallando la mente. Es el silencio de la mente el que nos conduce a la verdad de lo que somos, es decir, a la alegría como estado de ser.

Con esto no pretendo negar la importancia de cuidar el pensamiento para evitar derivas más o menos obsesivas que nos encierren en cavilaciones interminables. La higiene mental constituye un medio poderoso para no incrementar el sufrimiento inútil.

El hecho de no reconocer la importancia del cuidado del pensamiento hace que los críticos caigan, si bien por el extremo opuesto, en el mismo error que condenan. Tan errado es atribuir al pensamiento poderes mágicos para alcanzar la ilusión deseada, como negarle todo poder. Con lo cual, aquella crítica aparece sesgada e injusta.

Pero la crítica no termina aquí. Más allá de la referida al pensamiento positivo, en la actualidad abunda un cuestionamiento extremo, en gran medida incluso caricaturesco, al concepto mismo de felicidad. En alguna medida, pareciera que cierto progresismo se ha instalado en un discurso antifelicidad que, por cierto, encuentra buen mercado[2].

---

2. Me refiero, en particular, a libros como los de Eric G. WILSON, *Contra la felicidad. En defensa de la melancolía*, Taurus, Madrid 2008; Edgar CABANAS y Eva ILLOUZ, *Happycracia: Cómo la ciencia y la industria de la felicidad controlan nuestras vidas*, Paidós, Barcelona 2020; Alejandro CENCERRADO, *En defensa de la infelicidad*, Destino, Barcelona 2022.

Indudablemente, la crítica contiene elementos rescatables, que yo mismo comparto, en cuanto denuncia un modo trivial de hablar de la felicidad y de la alegría. Un modo que, con frecuencia, tiene visos de un negocio que, en ocasiones, ni siquiera disimula su interés comercial; que parece olvidar o minimizar la realidad del dolor; que parece igualmente ignorar –o mantenerse indiferente– ante el sufrimiento del mundo; que con frecuencia aparece como un mensaje ideologizado que nace del neoliberalismo individualista; que parece imponer la felicidad como deber u obligación, dando a entender que la culpa de no ser felices o de no vivir alegres reside en las personas que se sienten desgraciadas.

Este último elemento me parece particularmente relevante, ya que se percibe con frecuencia en literatura que se autodenomina "espiritual", y que en realidad hace el juego o sirve a los intereses de la ideología neoliberal a la que he hecho mención. Es indudable que, entendidas como estados de ser, la alegría y la felicidad se hallan en nosotros de manera permanente. Sin embargo, el olvido –que sirve a poderosos intereses económicos– de los condicionantes socioeconómicos hace que la afirmación anterior quede reducida a una peligrosa media verdad. En realidad, lo que se produce ahí es el olvido de nuestra naturaleza paradójica, que es el mejor modo de deslizarse hacia un pseudoespiritualismo etéreo y desimplicado. Somos, indudablemente, felicidad, pero somos también –nos experimentamos como– fragilidad y vulnerabilidad, que es preciso atender. No caemos en la trampa de percibirnos como carencia, pero reconocemos que la plenitud que somos se está viviendo en una experiencia de necesidad. Por esta misma razón, la apuesta por la alegría y la felicidad, si es auténtica, lleva de la mano el compromiso por transformar aquellas situaciones –económicas, sociales, políticas...– que pesan sobre las personas, impidiendo su despliegue y manteniéndolas en condiciones objetivamente dolorosas e injustamente frustrantes.

En resumen, las críticas a las que me refiero aciertan al denunciar la trivialización que algunas propuestas hacen de la alegría y de la felicidad. Sin embargo, aunque sea imprescindible tomar una sana distancia con respecto a los vendedores de sucedáneos, no parece acertado –por no ser coherente con nuestra propia verdad– renegar de aquellas. Al contrario, ahora más que nunca, es preciso e incluso urgente salir en defensa de la alegría y de la felicidad. No de cualquier manera, como acabo de decir, sino de un modo ajustado, crítico y realista. De lo contrario, estaríamos renunciando a nuestro anhelo fundamental –ser felices– en función de quién sabe qué mecanismos más o menos inconscientes, que pueden ir desde la decepción al resentimiento, desde la frustración dolorosa al más vulgar esnobismo. La comprensión de lo que somos abraza necesariamente la alegría y la felicidad como realidades que nos definen en nuestra identidad profunda. Por decirlo con palabras de Agustín de Hipona, nada sospechoso de hedonista, "nadie es sabio si no es feliz".

Comprensión no-dual

La comprensión no-dual no deja nada fuera. Esto significa que, al hablar de la alegría, nos vemos invitados a tener en cuenta los distintos elementos que la integran, así como a escuchar todas las voces que se refieren a ella. Es una invitación a la apertura y a la lucidez.

En concreto, la comprensión ajustada no sacraliza el dolor, no trivializa el sufrimiento ajeno, no confunde la alegría con un estado emocional pasajero ni hace de su defensa un negocio rentable dentro del mercado neoliberal.

Sabe de la inevitabilidad del dolor, lo atiende con lucidez y propone las actitudes que permiten vivirlo de manera constructiva, sin evitarlo y sin reducirnos a él. Así vivido, puede terminar siendo un aliado en nuestro propio crecimiento personal. Pero en ningún caso se lo reconoce como algo valioso por sí mismo. Es solo una expresión de la ley de la impermanencia que rige en el mundo de las formas. Por lo que la cuestión decisiva es afrontarlo de manera sabia.

La alegría no trivializa el sufrimiento ajeno. Por ser lúcida, es consciente de toda la problemática que acompaña a los seres humanos. Tiene los pies en la tierra y los ojos bien abiertos a la compleja realidad. No cae en la trampa hedonista ni en el error que la quiere hacer depender de los objetos que se poseen o del placer que se consigue. No reniega del placer, pero tampoco lo absolutiza. Sabe incluso que no se trata de perseguir la alegría ni la felicidad, sino que ambas son frutos maduros de una vida que se cimenta y se va construyendo sobre su propia verdad profunda. No es indiferente al sufrimiento humano, sino que implica un compromiso serio por aliviarlo.

La comprensión nos permite ver la alegría y la felicidad en su verdad genuina, como irrenunciable aspiración humana, innegable anhelo de plenitud, que nos alienta y dinamiza. No tiene nada que ver con esa versión edulcorada con que tratan de narcotizarnos algunos de los llamados libros de autoayuda. No consiste tampoco en el bienestar ilusorio, libre de frustraciones, con que sueña el individualismo narcisista. No es ninguno de los sucedáneos que pueden ofrecer charlatanes. Es, por decirlo brevemente, la verdad de lo que somos.

Por más que sea negada, la aspiración no cesa. Por más que sea banalizada, su profundidad reaparece siempre. Por más que sea ofrecida en forma de promesa futura, se halla siempre radicalmente presente. No como emoción fugaz, sino como estado de ser que nos define. No es necesario, por tanto, construirla, ni perseguirla ni aferrarse a ella. Se trata, sencillamente, de reconocerla y de cuidar las condiciones que nos permiten salir de la ignorancia –y, por tanto, del sufrimiento inútil– para reconectar con la verdad de lo que somos.

El olvido de lo que realmente somos –eso es la ignorancia– hace que la búsqueda de la felicidad se convierta, de hecho, en uno de los grandes tormentos de nuestra existencia: cómo podremos hacer para ser felices, qué nos hace falta, qué paso nos saltamos, qué nos complementa, qué podrá finalmente saciarnos... Eso ocurre cuando la convertimos en un objeto que deberíamos alcanzar, cuya persecución ansiosa produce, justamente, el efecto contrario. Porque perseguir de ese modo la felicidad hace que resulte imposible.

Solo cuando comprendes que la felicidad no es un estado emocional, sino un estado de ser, descubres que no se trata de buscarla ni de perseguirla, sino de "dejarse encontrar" por ella.

Ahora bien, tal encuentro –la comprensión– requiere del cuidado de algo demasiado olvidado: el silencio de la mente y la capacidad de vivir el presente, a partir de la conexión consciente con aquello que somos en profundidad.

Aquello que somos no podemos alcanzarlo a través de la mente, sino gracias a su silencio. La mente nos permite entender el mundo de los objetos, pero no es apta para acceder a lo *realmente* real, aquello que trasciende las formas. Incapaz de atravesar la capa superficial, no puede adentrarse en la profundidad de lo real.

Sin embargo, en el silencio mental, conectamos con lo que realmente somos –nuestra *identidad*–, con aquel estado de ser que es plenitud, aun en medio de todos los altibajos experimentados en el plano de nuestra *personalidad*.

En el silencio, se nos hace patente que pensar, entender, conocer no es lo mismo que comprender y que erudición no es lo mismo que sabiduría. El conocimiento nace de la verdad, pero la verdad no nace del conocimiento.

En definitiva, si queremos alcanzar la verdad –eso es la comprensión– y, en el mismo movimiento, conectar con lo que realmente somos, es condición indispensable ejercitarnos en silenciar la mente. Porque de esta nunca podrán llegar las respuestas a nuestras preguntas más importantes. Es gracias a su silencio cuando empezamos a ver con claridad. En ese mismo instante, caen las fantasías egoicas acerca de la felicidad, así como todo empeño por atraparla. Y comprendemos que ya somos lo que andábamos buscando. Al ser "encontrados", gracias a la comprensión, la búsqueda cesa.

Al silenciarse las voces mentales y emocionales, con su griterío altanero y sus disquisiciones interminables, queda presencia consciente, comprensión lúcida, plenitud: eso es lo que somos. El silencio nos ha conducido a casa. No queda sino permanecer en ese silencio de fondo que manifiesta la verdad última de lo que es.

Así como el sufrimiento es hijo directo de la ignorancia o desconocimiento práctico de lo que somos, la felicidad únicamente puede venir de la mano de la comprensión. Eso explica que, mientras nos hallamos alejados de la comprensión –identificados con el yo y enredados en movimientos egocentrados–, la alejemos irremediablemente. La actitud egocéntrica y narcisista nos atrapa en la ignorancia y, por tanto, en el sufrimiento. Por el contrario, la felicidad emerge como consecuencia o fruto de una actitud bondadosa o, como han repetido las personas sabias de todos los tiempos, de una "conducta virtuosa", es decir, de aquel modo de vivir que es coherente con la radical consciencia de unidad, que ve a todo otro como no-otro de mí, convirtiendo la llamada "regla de oro" –"trata a los otros como quisieras que te trataran a ti"– en eje central del propio comportamiento.

Para concluir, no quiero dejar de señalar que todo este proceso no contiene ningún "dogma", ni requiere asumir ninguna creencia. Es algo que cualquier persona puede experimentar, recurriendo a las herramientas adecuadas, en particular, practicando el silencio mental y experimentando lo que ocurre ahí. Un silencio en el que no se busca nada, en el que no se pretende alcanzar ninguna experiencia particular; es solo un silencio desnudo que, si somos pacientes, se convierte en nuestro maestro.

Anexo

Práctica psicoafectiva: encuentro con el niño o la niña interior. Guía para la práctica

Pasos de la práctica:

1. Situado/a conscientemente en el adulto o adulta que hoy eres, mira la fotografía, visualizando al niño/niña que fuiste.
2. Observa su rostro: ¿Qué te parece que está sintiendo?
3. "*¿Qué necesitas que te diga?, ¿qué necesitas escuchar?*".
4. Díselo.
5. Llámalo/a por su nombre.

   Y observa si, al nombrarlo, te sientes a gusto como adulto, y si él o ella se siente también a gusto con ese nombre.
6. Favorece una mirada acogedora, gustosa, sonriente... y envuélvelo/a con ella:

   ¿Te resulta fácil mirarlo/a así o tienes dificultad? ¿Cuál? ¿Se deja mirar o rehúye la mirada?

7. Favorece un sentimiento de amor:

   ¿Te resulta fácil amarlo/a o tienes dificultad? ¿Por qué?

   ¿Se deja amar o tiene resistencias? ¿Cuáles?

8. Háblale, con toda la convicción de que seas capaz:

   Eres bueno/a, eres valioso/a, eres vital, cariñoso/a, alegre, espontáneo/a, eres completamente inocente, te comprendo, hoy estoy contigo y te quiero...

   ¿Lo dices con verdad o notas resistencia? ¿Cuál?

   ¿Se lo cree... o duda?

9. Exprésale tu amor con un gesto: caricia, abrazo...

10. Permanece..., con una presencia de calidad, viviendo sencillamente el encuentro: estar con él/ella. No tengas prisa.

11. Ponte voluntariamente en la piel del niño o de la niña. Desde ahí, déjate alcanzar por la mirada y los sentimientos que hoy te dirigen..., y observa lo que ocurre en ti.

* * *

Una vez terminado el tiempo de la práctica, estando vivas aún las sensaciones que han podido despertarse, me parece importante poner por escrito lo que se ha vivido en ella, a partir, por ejemplo, de estas preguntas: *¿Qué he vivido en esta práctica?, ¿qué me queda de ella?* Detenerse a escribirlo favorece poder integrar en nuestro psiquismo lo que ha emergido para, de ese modo, seguir avanzando en nuestra integración personal.

Colección: A los cuatro vientos

ISBN: 978-84-330-3251-5

Páginas: 120

Encuadernación: Rústica con solapas

Formato : 15 x 21 cm

Edición: 2ª

Enrique Martínez Lozano

Cuando muere la persona amada

No es lo mismo hablar del duelo que ser traspasado por él. El autor reflexionaba acerca de las pérdidas y los duelos en un libro, ya impreso, pero que aún no había visto la luz –fue publicado unos días más tarde en esta misma editorial–, cuando padeció la repentina pérdida de su esposa, víctima de un brutal y violento atropello. En este nuevo libro no habla acerca del duelo; relata su propia vivencia dolorida en los tres primeros meses, desde el insoportable desgarro inicial hasta la gratitud vivida como regalo, pasando por un camino jalonado, tanto de añoranzas como de sorpresas, y repleto de enseñanzas. Completa así, sin haberlo pretendido, el libro anterior. Se habla en él de pérdidas y de duelos, pero lo que el autor realmente narra es una historia de amor que –como todas– trasciende la muerte.

Colección: Serendipity
ISBN: 978-84-330-3259-1
Páginas: 224
Encuadernación: Rústica con solapas
Formato: 14 x 21 cm
Edición: 1ª

Jesús Vega

Yo tampoco puedo con todo

Una guía para cuidarme y priorizar mi salud mental

Vivimos en una sociedad que nos hace interiorizar la idea de que no somos personas valiosas si no tenemos un trabajo estable y somos altamente productivos en él, si no tenemos una pareja e hijos, y una casa con una hipoteca infinita. La sociedad no deja de imponernos cosas, nunca parece ser suficiente, y si no cumplimos con sus expectativas nos podemos llegar a sentir fracasados y defectuosos.

Sin embargo, parece que a esa misma sociedad no le interesa en absoluto nuestra salud mental. La cantidad de psicólogos en el sistema público de salud es irrisoria, y el número de personas que se suicidan no para de crecer, así como los problemas psicológicos.

Si estás cansado de soportar tanta presión por parte de la sociedad, tanta precariedad en el mundo laboral, tanta toxicidad en tus relaciones, mientras te dejas siempre para lo último, en este libro te invito a dar un golpe sobre la mesa y a comenzar a priorizarte a ti y a tu salud mental.

Si no puedes con todo, no pasa nada. Yo tampoco puedo con todo, ¿y qué?

Colección: Serendipity
ISBN: 978-84-330-3238-6
Páginas: 160
Encuadernación: Rústica con solapas
Formato: 14 x 21 cm
Edición: 1ª

José Luis Bimbela Pedrola

Bondad práctica y radical

Yo conmigo Yo contigo Nosotros y Nosotras

Sí, todos queremos dejar un buen recuerdo. "Me gustaría que me recordaran como un buen padre, como un buen hijo, como amigo de mis amigos, como buen compañero de vida...". Todo esto le responden a Ainhoa Videgain (psico-oncóloga y admirada amiga) cuando les pregunta, digna y respetuosamente, a las personas a las que acompaña en sus últimos días de vida: "¿Cómo te gustaría que te recordaran?". Sí, los seres humanos aspiramos a la bondad. Entonces... ¿En qué momento lo olvidamos? ¿En qué momento dejamos de ejercer esa bondad que nos hace más felices a nosotros mismos y a los demás?

La ciencia, necesariamente más lenta de lo que nos gustaría, y la intuición, afortunadamente cada día más valorada, se han unido por fin y suman hallazgos contundentes y conclusiones esperanzadoras en el tema que nos ocupa: la bondad. Una bondad práctica y radical. Una bondad que nos cambia a nosotros y cambia el mundo. A mejor.

Podemos, si así lo decidimos, lo hacemos y lo entrenamos, recuperar esa capacidad, esa cualidad, esa inclinación, esa habilidad... para dar lo mejor de nosotros, para hacer el bien y hacernos el bien. En la teoría y en la práctica. En los días luminosos y en las noches oscuras. Con la intención y con la acción. En cuerpo y alma. Con ciencia y con conciencia.

Colección: Serendipity
ISBN: 978-84-330-3237-9
Páginas: 184
Encuadernación: Rústica con solapas
Formato: 14 x 21 cm
Edición: 1ª

Magda Barceló Fort

Da vida a tus sueños

12 caminos para crecer y despertar

Jorge se siente al borde del colapso: tiene un trabajo en el que no le reconocen y una relación cada vez más difícil con su hijo adolescente.

Julia se ha quedado descolocada después de la maternidad y no sabe hacia dónde ir.

Después de una exitosa carrera profesional, Mireia ya no quiere seguir trabajando igual. Sin embargo, nada de lo que pone en marcha termina por funcionar.

Marc tiene treinta y pocos y quiere iniciar una nueva etapa en su vida, tanto en lo personal como en lo profesional, pero su entorno no le entiende.

Tras perder a su mujer de forma súbita, Javier no consigue encontrar de nuevo su lugar en el mundo.

A través de doce historias reales de personas que han vivido un proceso de coaching, la autora desgrana con elocuencia y generosidad doce lecciones clave que como humanos necesitamos aprender para crecer y conseguir despertar a nuestra propia naturaleza.

Además de ser una introducción inspiradora y accesible al mundo del crecimiento personal, Da vida a tus sueños ofrece prácticas, ejemplos y preguntas esenciales para evolucionar como personas a la vez que manifestamos nuestros mayores anhelos.

Colección: A los cuatro vientos

ISBN: 978-84-330-3246-1

Páginas: 248

Encuadernación: Rústica con solapas

Formato : 15 x 21 cm

Edición: 1ª

Javier Urra

La vida íntima

Javier Urra se adentra en la exploración de la condición humana en su último libro, La vida íntima. Como destacado psicólogo clínico, Urra nos lleva en un viaje hacia la comprensión de un fenómeno que plantea: el desencantamiento del mundo y el sufrimiento que esto conlleva, todo ello enraizado en la creciente desconexión de la trascendencia.

El autor se distancia de la tendencia a divinizar el yo interior y, en lugar de ello, nos desafía a adentrarnos en nuestro yo profundo. Nos recuerda que, con frecuencia, lo que expresamos en palabras oculta lo que realmente sentimos y pensamos. Nos invita a la sinceridad con nosotros mismos, un camino hacia la autorreflexión y la comprensión de nuestra propia esencia.

La vida íntima se convierte así en un faro que ilumina el viaje interior, inspirándonos a explorar las profundidades de nuestra psicología y espiritualidad, uniendo la mente y el alma en la búsqueda de la autenticidad y la verdad personal. Este libro no solo es una lectura apasionante, sino también una guía para aquellos que desean adentrarse en su propio ser con honestidad y comprensión.

Colección: Serendipity

ISBN: 978-84-330-3262-1

Páginas: 320

Encuadernación: Rústica con solapas

Formato: 14 x 21 cm

Edición: 1ª

Lucía Etxebarria

La escritura que cura

Manual de escritura expresiva para no profesionales

Este programa de desarrollo personal que tienes en tus manos se basa en ejercicios de escritura expresiva. Te ofrece temas sobre los que escribir y te invita a hacerte preguntas sobre tu personalidad, tu pasado y tus expectativas. Está basado en técnicas de escritura expresiva que se llevan utilizando cuarenta años. Este programa no te garantiza que vayas a encontrar el amor de tu vida ni el trabajo de tus sueños. í que te garantiza que si quieres ser escritor vas a aprender a desbloquearte y a crear mejores personajes. Y que, si no tienes ningún interés en serlo, te va a ayudar a gestionar la ansiedad, promover tu autoestima, establecer objetivos y alcanzar metas. Y a analizar y evitar las relaciones tóxicas en tu vida. Sean de pareja, laborales o familiares.

En definitiva, a entenderte mejor. Para quererte mejor. Y sentirte mejor.

¿Creemos que tenemos la varita mágica para cambiar tu vida?

No.

¡Creemos que la tienes tú!

Y vamos a enseñarte a usarla.

A LOS CUATRO VIENTOS

Últimos títulos publicados

65. *El dinero emocional*, Ruth Morales
66. *Todo confluye. Espíritu y espiritualidad en los movimientos altermundistas*, José Eizagirre
67. *Humanitinas. Fármacos humanizadores*, José Carlos Bermejo y Diana S. Simón
68. *La homosexualidad en verdad. Romper, por fin, el tabú*, Philippe Ariño
69. *Zendo Betania. Donde convergen zen y fe cristiana*, Ana María Schlüter
70. *Solo estar*, Enrique y Mercedes Montalt Alcayde
71. *La dicha de ser. No-dualidad y vida cotidiana*, Enrique Martínez Lozano (3ª ed.)
72. *Enseñanzas del Silencio de Moratiel*, Alicia Martínez (2ª ed.)
73. *Puentes de perdón*, Pax Dettoni Serrano
74. *Espiritualidad para ahora. Verbos para el hortelano del espíritu*, J. C. Bermejo (2ª ed.)
75. *El pulso del cotidiano. Ser. Hacerse. Vivir. Realizarse*, José María Toro
76. *Más allá del olvido*, Matilde de Torres Villagrá
77. *El que vive. Relecturas del Evangelio*, Juan Masiá Clavel, S.J.
78. *Un corazón atento. Entre la misericordia y la compasión*, Luciano Sandrin
79. *El diálogo en plena conciencia. El sendero interpersonal hacia la liberación*, G. Kramer
80. *Cuando tu sufrimiento y el mío son un mismo sufrimiento. La vida como sanación compasiva*, Carlos Díaz
81. *Locura de la psiquiatría. Apuntes para una crítica de la psiquiatría y la "salud mental"*, Alberto Fernández Liria (2ª ed.)
82. *Metáforas de la no-dualidad. Señales para ver lo que somos*, E. Martínez Lozano (2ª ed.)
83. *Koan inspirados en San Juan de la Cruz. Luces de occidente para iluminar el camino*, Pedro Vidal López
84. *Mujeres que aman. Susurros feministas sobre el amor y el desamor*, Rosa María Belda Moreno
85. *El evangelio marginado*, José María Castillo (3ª ed.)
86. *Morir hoy. La muerte desterrada*, Víctor Manuel Cabanillas Gutiérrez
87. *Elige la vida. Una lectura existencial de la Biblia*, Montse de Paz
88. *Peregrinar a Jesús. Dios, Jesús y la Salud*, J. C. Bermejo y A. Álvarez Valdés
89. *Psicopatología y psicoterapia de las experiencias transpersonales*, Ana Gimeno-Bayón Cobos
90. *En el principio era la vida. Comentario al evangelio de Juan*, E. Martínez Lozano
91. *Dar-se-nos. Aproximarse al sentido de la propia vida permite acceder a la comunión con el otro y con el Otro*, Enrique y Mercedes Montalt Alcayde

92. *El milagro de vivir despierto. Ser nadie, cumbre de la madurez,* Rafa Redondo
93. *Felicidad tóxica. El lado oscuro del pensamiento postivo,* Rafael Pardo (2ª ed.)
94. *Duelo digital y coranavirus,* José Carlos Bermejo
95. *Encuentros con el silencio,* Julio Zarco Rodríguez
96. *Metáforas para la consciencia,* Pepa Horno - Ilustraciones Zaida Escobar (2ª ed.)
97. *Dar gracias. Oraciones para humanizar la cotidianeidad,* José Carlos Bermejo
98. *Humanizar. Humanismo en la asistencia sanitaria,* José Carlos Bermejo, María Pilar Martínez, Marta Villacieros
99. *El mundo en que vivimos. La conciencia y el camino del alma,* Wilfried Nelles
100. *Humanizar la soledad. Comprenderla y acompañarla,* C. Santamaría, J. C. Bermejo
101. *Un camino sin atajos. Duelo por el suicidio de un ser querido,* Alejandro Rocamora Bonilla (Dir.)
102. *El sanador herido. Humanizar las relaciones de ayuda,* José Carlos Bermejo
103. *Profundidad humana, fraternidad universal. La espiritualidad no-dual,* Enrique Martínez Lozano
104. *El ser humano, un ser espiritual,* Javier Urra (2ª ed.)
105. *La vida de Jesús y sus enseñanzas,* Manuel Segura
106. *Mindfulness para cristianos,* Rafael Pardo
107. *Oraciones para humanizar cada día,* José Carlos Bermejo
108. *El arte de mirar y escuchar desde el Corazón,* José María Toro
109. *Gratitud,* Rafael Redondo
110. *Escucha y consuelo. La palabra que sana,* José Carlos Bermejo
111. *Declive de la religión y futuro del evangelio,* José María Castillo (2ª ed.)
112. *Motivación y salud,* José Carlos Bermejo
113. *Pérdidas y comprensión ¿Cómo vivir los duelos?,* Enrique Martínez Lozano (2ª ed.)
114. *En tus manos encomiendo mi espíritu. Tu cayado me acompaña,* Rafa Redondo
115. *Mujeres sacerdotes, ¿cuándo? Diálogos en torno al sacerdocio de las mujeres,* Mª José Arana (2ª ed.)
116. *La vida íntima,* Javier Urra
117. *Cuando muere la persona amada,* Enrique Martínez Lozano
118. *Un resplandor inesperado. Relatos de transformación espiritual basados en hechos reales,* Ricardo Fernández Aguilà
119. *Acoger al niño o niña interior. Reconectar con el propio valor y la propia bondad,* Enrique Martínez Lozano (2ª ed.)
120. *Profesionales compasivos. La aceptación incondicional en las relaciones de ayuda,* Ana Martínez-Cuevas, José Carlos Bermejo y Pilar Barreto Martín
121. *Meister Eckhart. El libro del consuelo y conforte Divino,* José Carte
122. *La presencia del Jesús interior,* Rafa Redondo